AF200173

Jakob Haury

Zur Beurteilung des Geschichtsschreibers Procopius von Cäsarea

Jakob Haury

Zur Beurteilung des Geschichtsschreibers Procopius von Cäsarea

ISBN/EAN: 9783743683891

Hergestellt in Europa, USA, Kanada, Australien, Japan

Cover: Foto ©ninafisch / pixelio.de

Weitere Bücher finden Sie auf **www.hansebooks.com**

Zur Beurteilung des Geschichtschreibers

Procopius von Cäsarea.

Von

Dr. J. Haury.

Programm

des

K. Wilhelms-Gymnasiums in München

für das Schuljahr 1896/97.

München 1896.
Druck von H. Kutzner, Frauenstrasse 20.

In den letzten 20 Jahren ist eine Reihe von Schriften erschienen, in denen untersucht wird, welcher Wert den Werken Prokops beizumessen sei. Das Resultat dieser Untersuchungen ist für Prokop sehr ungünstig. Es wird ihm zum Vorwurf gemacht, er sei oft von der Wahrheit abgewichen, um Ausdrücke aus Herodot und Thukydides anwenden zu können, er habe seine Quellen nicht gewissenhaft benützt und aus Parteilichkeit manches „in verändertem Lichte" erscheinen lassen, die „Bauwerke" seien eine Schmeichelschrift der niedrigsten, verlogensten Art u. s. w. Da ich während meiner langjährigen Beschäftigung mit Prokop und seiner Zeit mir ein anderes Urteil über ihn gebildet habe, so möchte ich hier, an die zuletzt erschienenen Schriften anknüpfend, folgende Punkte besprechen:

I. Prokop, ein Nachahmer des Herodot und Thukydides und Schüler der Rhetoren in Gaza.

II. Wie hat Prokop seine Quellen benützt?

III. Objektivität seiner Darstellung.

IV. Prokop als Verfasser der Geheimgeschichte und der Bauwerke.

I.

Über Prokop als Nachahmer des Herodot und Thukydides liegen mehrere Abhandlungen vor: 1. Duwe Ad., Quatenus Procopius Thucydidem imitatus sit. Progr., Jever 1885. 2. Braun H., Procopius Caesariensis, quatenus imitatus sit Thucydidem, Diss. Erlangen 1885 = Acta seminarii Erlangensis 4 (1886) 161—221. 3. Braun H., die Nachahmung Herodots durch Prokop. Progr., Nürnberg 1894. 4. Brückner M., Zur Beurteilung des Geschichtschreibers Procopius von Cäsarea. Progr., Ansbach 1896. Braun hat mit grosser Genauigkeit die herodoteischen und thukydideischen

Phrasen bei Prokop gesammelt und das Ganze geschickt angeordnet. Die Schlüsse, die er und nach ihm Brückner aus dem Umstande zieht, dass Prokop Phrasen und einzelne Wörter aus Herodot und Thukydides herübergenommen hat, sind deshalb nicht richtig geworden, weil Braun und Brückner sich auf die Lektüre der genannten Geschichtschreiber beschränkten, obwohl wir für manche Abschnitte Prokops noch andere ausführliche Quellen haben, die uns ermöglichen, genau zu kontrollieren, wie weit Prokop in der Nachahmung seiner Vorbilder gegangen ist. So wird von Faustus von Byzanz[1]) das nämliche erzählt, was wir bei Prokop d. b. P. cap. 5 finden. Da ich nicht die ganze Erzählung des Prokop mit der Darstellung des Faustus IV 16. 52—54. V 7 vergleichen kann, so beschränke ich mich darauf, die Einleitung Prokops näher zu betrachten, in der wir nach Brückner p. 23 „viele Phrasen und Redensarten aus Herodot und Thukydides verwendet sehen, die auf eine künstliche Komposition hinweisen". Die Einleitung lautet bei Prokop I 27, 1 ὅ τε Παχούριος τοῖς πεπραγμένοις ὑπερησθείς (cf. Herod. I 54 ὑπερήσθη τε τοῖσι χρηστηρίοις) . . . τὸν ἄνθρωπον μετεπέμψατο (Thuk. I 112 Ἀμυρταίου μεταπέμποντος = auf Einladung) καὶ ἐπεὶ παρ᾽ αὐτὸν Ἀρσάκης ἀφίκετο, τῆς τε ἄλλης αὐτὸν φιλοφροσύνης (cf. Herod. I 92, 3) ἠξίωσε καὶ ἅτε ἀδελφὸν ἐπὶ τῇ ἴσῃ καὶ ὁμοίᾳ (ἐπὶ τῇ ἴσῃ καὶ ὁμοίᾳ findet sich bei Thuk. und Prok. sehr oft. cf. Braun p. 201) ἔσχε · τότε μὲν ὅρκοις δεινοτάτοις τόν τε Ἀρσάκην καταλαβών (Thuk. IV 86 ὅρκοις τε Λακεδαιμονίων καταλα-

---

[1]) Des Faustus v. Byzanz Geschichte Armeniens. Aus dem Armenischen übersetzt von M. Lauer. Köln 1879. Vergl. H. Gelzer, Die Anfänge der armenischen Kirche, Ber d. K. sächsischen Gesellschaft d. Wiss. 1895 p. 111—121. Gelzer nimmt an, dass das Werk des Faustus ursprünglich griechisch geschrieben war und später ins Armenische übersetzt wurde. Er sagt p. 115: „Dass das Werk griechisch vorhanden war, zeigt Prokop, welcher im persischen Kriege I 5 zwei bei Faustus wiederkehrende Stücke reproduziert." Ich werde aber im Folgenden nachweisen, dass Prokop ein griechisch gebildeter Syrer war und dass er in der Einleitung zu den Perserkriegen auch syrische Quellen benützt hat. Da wir ferner aus Lazar von P᾽arpi wissen, dass im 5. Jahrhundert ganz besonders Syrer sich mit Faustus beschäftigten (cf. Gelzer p. 116 und Langlois, Collection des historiens anciens et modernes de l'Arménie II p. 261), so müssen wir annehmen, dass es einen syrischen Text des Faustus gab und es ist leicht möglich, dass Prokop entweder diesen syrischen Text oder einen anderen syrischen Schriftsteller, der aus Faustus geschöpft hatte, benützte.

βὼν τὰ τέλη τοῖς μεγίστοις cf. Braun p. 201) .... Bei Faustus IV 16
lesen wir: In jener Zeit beschied der Perserkönig Schapuh den
König Arschak von Armenien zu sich. Dieser wurde von jenem ...
wie ein Bruder, wie ein Sohn behandelt .... Beide setzten sich
zusammen auf einen und denselben Thronsessel .... trugen
dieselbe Prachtkleidung mit gleicher Farbe und gleichem Abzeichen;
ganz gleiche Diademe für den täglichen Gebrauch liess der Perserkönig für sich und ihn als Schmuck anfertigen .... Da liess
man einen von den Priestern der Kirche der Stadt Tisbon ...
holen, brachte das heilige Evangelium und liess der Perserkönig
Schapuh den König Arschak von Armenien den Eid schwören,
dass er ihn nicht täuschen .... werde". Aus der Vergleichung
der angegebenen Stellen sehen wir, dass Prokop die Ausdrücke
aus Herodot und Thukydides völlig am richtigen Platze
angewendet hat. Wenn Brückner von einer künstlichen
Komposition spricht, hat er nur in sofern recht, als Prokop das,
was zu verschiedenen Zeiten geschehen ist, nebeneinander reiht.
Dies thut unser Geschichtschreiber auch an andern Stellen.

Nach Brückner (p. 11) und Braun (p. 207) soll Prokop ganze
„Situationen erdacht haben, die zu den betreffenden Stellen des
Thukydides passen" z. B. bei der Darstellung der Belagerung von
Amida lib. I cap. 7. Über die Belagerung von Amida haben wir aber
noch andere ausführliche Berichte. Der eine findet sich bei Josua
Stylites,[1]) der andere unter den Fragmenten des Rhetors Zacharias,
die aus einem syrischen Codex ins Lateinische übersetzt und von
Angelo Mai in: Scriptorum veterum nova collectio X[2]) veröffentlicht sind. Die Fragmente sind, soweit sie von Amida handeln,
nach Nöldeke in schlechtem Syrisch geschrieben und scheinen
von einem schlichten Bewohner von Amida herzurühren, der jedenfalls von dem Verdachte frei ist, dass er Thukydides nachgeahmt
hat. Wollen wir nun mit den Stellen des Thukydides und Prokop,
die Braun S. 207 nebeneinandergestellt hat, Abschnitte aus Josua
Stylites und Zacharias vergleichen:

---

[1]) Chronique de Josué le Stylite, texte et traduction par M. l'abbé
Paulin Martin im 6. Bd. der Abhandlungen für die Kunde des Morgenlandes.
Es gibt auch eine engl. Uebersetzung von Wright, Cambridge 1882.

[2]) Abgedruckt bei Migne, Patrol. gr. tom. 86, p 1146 ff.

Thuk. II 75,6	Prok. I 36,3	Zach. p. 367.	Joßua Stylites cap. 51.
διελόντες τοῦ τείχους ᾗ προσέπιπτε τὸ χῶμα ἐπεφόρουν τὴν γῆν. 76,2 ὑπώρυον δ᾽ ἐκ τῆς πόλεως ὀρύξαντες καὶ ξυντεκμηράμενοι ὑπὸ τὸ χῶμα ὀφείλκον αὖθις παρὰ σφᾶς τὸν χοῦν· καὶ ἐλάνθανον ἐπὶ πολὺ τοὺς ἔξω . . .	Καβάδης . . . λόφον τινὰ χειροποίητον ἐπετείχισεν τῇ πόλει ἐποίει μέτρῳ πολλῷ ὑπεραίροντα τοῦ τείχους τὸ μῆκος, οἵ τε πολιορκούμενοι ἐντὸς τοῦ περιβόλου ἀρξάμενοι κατώρυχα μέχρις ἐς τὸν λόφον ἐποίουν, καὶ λάθρᾳ ἐνθένδε τὸν χοῦν ἐκφοροῦντες κινὰ ἐπὶ πλεῖστον τὰ ἐντὸς τοῦ λόφου εἰργάσαντο· τὰ μέντοι ἐκτὸς ἐφ᾽ οὕπερ ἐγεγόνει σχήματος ἔμενεν, οὐδενὶ αἴσθησιν παρεχόμενα τοῦ πρασσομέ-νου . . . τοῦ δὲ ὁμίλου δρόμῳ ἐπιρρέοντος ἐμπεσὼν ὁ λόφος . . σχεδόν τι ἅπαντας ἔκτεινε.	Persae . . . educto-que excelso aggere. moeniis coaequa-bant . . . cives urbis murum ab interi-ore parte perforan-tes materiamque effossam foras pro-icientes, loci cavi-tatem sarmentis desub oppleverunt. Quo facto . . . de-fensores . . . ignem . . sarmentis inicie-bant . . . ignis sar-menta corripuit statimque materia reliqua flammis ex-arsit, atque ita con-sumta machina cor-ruit, Persis, qui in ipsa erant, am-bustis atque con-tritis	Quuwad . . . bâtit une plate-forme . . . . . alors les habi-tants d' Amed per-cèrent un trou dans le rempart, pour aller sous la plate-forme, et retirant à l'intérieur de la ville, d'une manière fort secrète, la terre qui était entassée dans son sein, tan-disqu' ils soutenai-ent leur travail par des poutres, la plate-forme s'entr' ouvrit et tomba.

Das französische Wort plate-forme bedeutet nach Abbé Martin: agger, tumulus. Aus den angeführten Stellen sehen wir also deutlich, dass Prokop hier die „Situation" nicht erdacht hat. Es ist ja auch ohnedies nicht unwahrscheinlich, dass Kabades während der Belagerung, die vom 5. Oktober 502 bis zum 10. Januar 503 dauerte, einen Damm aufwerfen liess und dass die Belagerten Minen gruben. Solche Dinge kamen doch fast bei jeder länger dauernden Belagerung vor.

An andern Stellen soll Prokop „Thatsächliches" aus Herodot entlehnt haben. So findet sich im Perserkrieg I p. 20 eine von jenen Erzählungen, die nach Braun „so lebhaft an Herodot erinnern, dass dies unmöglich ein Zufall sein kann", nach Brückner aber Prokop „so gut gefallen haben, dass er sie aus Herodot mit einigen Veränderungen in seine Kriegsgeschichte mit herübernahm". Vergleichen wir nun einmal die betreffenden Stellen Herodots und Prokops mit dem gleichen Berichte Tabaris, welcher nach Nöldeke „die Sasanidengeschichte nach alten persischen Quellen gegeben hat."

Herodot VIII 28	Prok. 1 20, 4	Tabari (übersetzt von
τάφρον μεγάλην ὀρύξαντες	(Achaunwar) ἐν τῷ πεδίῳ,	Nöldeke) p. 129
ἀμφορέας κεινοὺς ἐς αὐτὴν	ᾗ ἔμελλον Πέρσαι ἐς τὰ	Achaunwar liess also
κατέθηκαν, χοῦν δὲ ἐπιφορή-	Ἐφθαλιτῶν ἤδη ἐσβάλλειν,	hinter seinem Heere einen
σαντες καὶ ὁμοιώσαντες τῷ	χώραν πολλήν τινα ἐπὶ πλεῖ-	Graben ziehen, 10 Ellen
ἄλλῳ χώρῳ ἐδέκοντο τοὺς	στον ἀποτεμὼν τάφρον εἰργά-	breit und 20 Ellen tief,
Θεσσαλοὺς ἐσβάλλοντας· οἱ	σατο βαθεῖάν τε καὶ εὔρους	ihn mit schwachen Holz-
δὲ, ὡς ἀναρπασόμενοι τοὺς	ἱκανῶς ἔχουσαν ... καλά-	stücken zudecken und
Φωκέας, φερόμενοι ἐσέπεσον	μους τε τῇ τάφρῳ ὕπερθεν	darüber Erde werfen ...
ἐς τοὺς ἀμφορέας· ἐνθαῦτα οἱ	ἐπιθεὶς καὶ γῆν ἐπὶ τοὺς	Peroz ... ritt mit seinen
ἵπποι τὰ σκέλεα διεφθάρησαν.	καλάμους συναμησάμενος	Truppen aus zur Ver-
	ταύτῃ ἐπικολύψ ἔκρυψεν ...	folgung des Achaunwar
	21,7 οἱ δὲ Πέρσαι .. ἔς τε	und der Seinigen Rasch
	τὴν τάφρον ἐμπεπτώκασιν	rückten sie vor. Nun
	ἅπαντες, οὐχ οἱ πρῶτοι μόνοι,	führte ihr Weg aber über
	ἀλλὰ καὶ ὅσοι ὄπισθεν εἵποντο.	den Graben, sie kamen
		an diesen und traten
		schnell auf dessen Be-
		deckung: sofort stürzte
		Peroz und sein ganzes
		Heer hinein und kamen
		um bis auf den letzten
		Mann.

Die angeführten Stellen zeigen, dass Prokop gewissenhaft derselben persischen Quelle gefolgt ist, auf welche auch die Erzählung Tabaris zurückgeht. Obwohl nun in seiner Quelle von einer sehr ähnlichen „Situation" berichtet war wie bei Herodot VIII 28, so hat er es doch verschmäht, irgend etwas zu ändern, um auch die gleichen Ausdrücke wie Herodot verwenden zu können, ein Beweis, wie bedenklich es ist, anzunehmen, unser Geschichtschreiber habe aus Nachahmungssucht gleich ganze „Situationen" erdacht.

Nach Braun (Progr. p. 45 f.) und Brückner (p. 13) hat Prokop unter Umständen ein Motiv, das er aus seinen Vorbildern entnommen hat, öfter verwendet. Sie finden eine auffällige Ähnlichkeit zwischen Herodot I 80 und Prokop I 438. Nach Herodot hatte Cyrus die Kamelreiter vorausgeschickt, dann liess er das Fussvolk und hinter diesen die Reiterei folgen. Die lydischen Reiter stiegen ab, da ihre Pferde vor dem ungewohnten Anblick der Kamele scheuten, und kämpften zu Fuss, wurden aber doch besiegt. Nach der Erzählung Prokops stellte Kabaon die Kamele in der Weise auf, dass je 12 hintereinander einen Kreis bildeten, und zwischen diese verteilte er die Krieger, die Vandalen blieben auf ihren Pferden sitzen, als diese scheuten, flohen, und wurden zum grössten Teil auf der Flucht niedergemacht oder gefangen genommen. Die einzige Ähnlichkeit besteht also darin, dass Pferde beim Anblick von Kamelen scheu wurden, was aber doch wohl öfter vorgekommen sein dürfte. Wenn Braun bemerkt, die Sache sei unwahrscheinlich, weil jahrelange Kämpfe der beiden Völker vorausgingen, die Pferde der Vandalen also an den Anblick der Kamele oder wenigstens die Vandalen an die Kampfesweise der Maurusier gewöhnt sein mussten, so kann man ihm hierin nicht beistimmen. Es ist ja vorher nirgends gesagt, dass die Mauren Kamele im Kampfe verwendeten. Sie scheinen vielmehr diese nur als Lasttiere mitgeführt zu haben. Auch in dem Heere des Cyrus waren die Kamele mit Gepäck beladen. Erst auf den Rat des Harpagus liess Cyrus dieses wegnehmen, dann befahl er, dass ein Teil seiner Krieger die Kamele besteige. So scheint später bei den Mauren Kabaon, der Führer derselben, der von Prokop I 346, 20 ausdrücklich als πολέμων τε πολλῶν ἔμπειρος καὶ λίαν ἀγχίνους gerühmt wird, zuerst auf den Gedanken gekommen zu sein, den stärkeren Vandalen gegenüber sich zunächst auf die Defensive zu beschränken und durch das Vorschieben der Kamele die Pferde der Vandalen zu schrecken. Wenn die ganze Episode auch unwahrscheinlich wäre, so wäre damit noch nicht der Beweis geliefert, dass Prokop dieselbe mit Anlehnung an Herod. I 80 erfunden hat. Durch sie soll gezeigt werden, wie die arianischen Vandalen, welche die Gotteshäuser der Orthodoxen schändeten, das Strafgericht Gottes traf. Man muss deshalb annehmen, dass sie ebenso wie die Geschichte, die I 398 erzählt wird, auf orthodoxe Geistliche zurückzuführen ist.

An dieselbe Stelle Herodot I 80 lehnt sich nach Braun und Brückner Prokop ein zweites Mal an, nämlich I 457. Hier erzählt er von dem Kampfe zwischen denselben Mauren und den Römern unter Salomon. Die Mauren hatten ihr Heer genau in der gleichen Weise aufgestellt, wie früher unter Kabaon. Als die Pferde der Römer vor den Kamelen der Mauren scheuten, sprang Salomon

samt seinen Leuten ab und errang den Sieg. Hier haben wir
insofern mehr Ähnlichkeit mit Herodot I 80, als die Reiter von
den Pferden springen. Nun muss man aber doch bedenken, dass
Salomon ein tüchtiger Feldherr war, der nicht leicht den Kopf
verlor und dass er an der Spitze von Leuten stand, die zu Fuss
nicht weniger gut kämpften als zu Pferd. Ferner hat dieser
Salomon schon beim Anfang des Vandalenkrieges die Würde des
Domesticus im Heere Belisars bekleidet (cf. I 359, 7) und war
somit zweifellos mit Belisar schon länger bekannt. Er hatte deshalb sehr wahrscheinlich jene Schlacht bei Kallinikon mitgemacht,
die Belisar kurz vor Beginn des Vandalenkriegs verlor, in welcher
nach Prokop I 96 und Malalas p. 464 ein Teil der römischen
Reiterei absprang und zu Fuss weiterkämpfte. Sicher ist, dass
Salomon von dem Verlauf dieser Schlacht genaue Kenntnis hatte.
Ist es unter solchen Verhältnissen etwas Unwahrscheinliches,
wenn von ihm erzählt wird, er habe in der Schlacht gegen die
Mauren, als die Pferde durch den Anblick von Kamelen scheu
wurden, dasselbe gethan, was schon am Euphrat jene Reiter
nach dem übereinstimmenden Zeugnis zweier Geschichtschreiber
gethan hatten, von denen der eine von dem Verdachte, dass er
sich an Herodot anlehne, absolut frei ist? Wenn Brückner (p. 13)
als Beweis gegen die Darstellung Prokops anführt, „dass Theophanes
p. 311 von dem eben erwähnten Manöver der Römer unter
Salomon nichts erzählt, bei ihm lautet es: ἐπιβὰς τοῦ ἵππου κτλ.",
so hat er damit wenig Glück; es ist ja schon längst bekannt, dass
Theophanes in diesem Abschnitt Prokop ausgeschrieben hat; dazu
kommt, dass die allein brauchbare Theophanesausgabe von
C. de Boor I 201, 7 ἀποβὰς τοῦ ἵππου bietet. ἐπιβὰς steht nach
de Boor in keiner einzigen Handschrift. Brückner hat offenbar
noch die alte Bonner Ausgabe benützt.

Ich glaube, zur Genüge gezeigt zu haben, dass die Beweise,
auf welche die Behauptung Brauns und Brückners sich stützt,
Prokop habe aus Nachahmungssucht sich zu verschiedenen
Unwahrheiten verleiten lassen, nicht stichhaltig sind. Man
muss vielmehr annehmen, dass er ähnliche Vorgänge, deren
viele in der alten Kriegsgeschichte sich häufig wiederholten,
in ähnlichen Ausdrücken, wie Herodot und Thukydides wiedergegeben hat.

Braun hat nachgewiesen, dass auch in der Geheimgeschichte sich eine Menge Ausdrücke aus Herodot und Thukydides findet. Da nun feststeht, dass die Geheimgeschichte sehr rasch hingeworfen ist, so müssen wir annehmen, dass Prokop beim Niederschreiben dieser Schrift nicht erst nach herodoteischen und thukydideischen Phrasen gesucht hat, sondern dass diese völlig sein geistiges Eigentum waren, was sehr wahrscheinlich macht, dass er in seiner Jugend eine Schule besuchte, in der Herodot und Thukydides genau studiert wurden.

Im Anfang des 6. Jahrhunderts war Cäsarea, die Vaterstadt Prokops der politische Mittelpunkt von Palästina prima: μητρόπολις ἡ Παλαιστίνης ἡγουμένη τῆς πρώτης cf. Novelle 103. Zu den Städten, die zu Palästina prima gehörten und infolgedessen mit der μητρόπολις lebhaften Verkehr unterhielten, zählte Gaza. In dieser Stadt stand damals eine Rhetorenschule [1]) in höchster Blüte. Hier strömten die Söhne der Vornehmen aus Nah und Fern zusammen, um sich in die Kunst der Beredsamkeit einführen zu lassen. cf. Aeneas ep. 18 [2]) ἀλλ' εἴγε τῆς ἡμετέρας εὐφωνίας, δι' ἣν τῶν Ἀθηναίων οἱ παῖδες οὐ παρὰ τῶν πατέρων παρὰ δὲ τῶν Σύρων ἀττικίζειν ἀξιοῦσι μανθάνειν· οὐκέτι γοῦν εἰς τὸν Πειραιᾶ κατάιρουσιν οἱ τῆς ἀκαδημείας ἐρῶντες, οὐδὲ φοιτῶσι παρὰ τὸ Λύκειον, παρ' ἡμῖν τὴν ἀκαδήμειαν καὶ τὸ Λύκειον εἶναι νομίζοντες. Das Haupt der gazäischen Schule war lange Zeit Prokop von Gaza. Dieser hatte einen solchen Ruf, dass Antiochia, Tyrus und Cäsarea ihn für sich zu gewinnen suchten. In Cäsarea, der Vaterstadt unseres Geschichtschreibers, hat er wahrscheinlich gegen Ende seines Lebens kurze Zeit sich aufgehalten. cf. Choricius ed. Boissonade p. 6. Dieser Prokop von Gaza schrieb im 158. Brief an einen gewissen Evagrius: ὡς γὰρ ἐν τοῖς σοῖς γράμμασιν οὐ τοὺς νῦν μόνον ἐνίκων, ἀλλὰ καί, ὃ μὴ θέμις εἰπεῖν, καὶ Δημοσθένης ἥττητο, καὶ Θουκυδίδης εἴγε τὰ δεύτερα, καὶ ὁ γλυκὺς Ἡρόδοτος μετὰ τούτων ἐτάττετο . . . ἐμοὶ δὲ μέγιστος ἔπαινος εἰ τούτους μὴ ἠγνοηκέναι δοκοίην, οὓς παρὰ σοὶ κριτῇ νενικήκαμεν. Aus diesem Brief sehen wir, dass gerade diejenigen Schriftsteller, die Prokop von Cäsarea nachgeahmt hat,[3]) in der Schule der Gazäer als Muster galten.

---

[1]) cf Seitz K., die Schule von Gaza. Diss. Heidelberg 1892.

[2]) Die Briefe des Äneas und des Prokop von Gaza finden sich bei: Hercher R, Epistolographi Graeci. Paris 1873.

[3]) Dass Prokop auch Demosthenes genau gekannt hat, zeigen seine Schriften

Neben Prokop von Gaza wirkte Äneas von Gaza und in den letzten Jahren des Prokop von Gaza Choricius.[1]) Die Schriften der Gazäer sind zum Teil erhalten und es dürfte sich lohnen, diese mit den Werken Prokops von Cäsarea zu vergleichen, was um so leichter ist, als schon eine Untersuchung vorliegt: Malchin, J. De Choricii Gazaei veterum Graecorum scriptorum studits. Kil 1884. Aus dieser sehen wir, dass auch Choricius Herodot und Thukydides sehr genau studiert hat. Die thukydideische Beschreibung der Ausbreitung der Pest in Athen ahmt er bei der Darstellung des Fortschreitens eines Aufstandes nach. cf. Malchin p. 39. Prokop hat denselben Abschnitt des Thukydides bei der Beschreibung der Pest in Konstantinopel vor Augen gehabt. Ferner sind folgende Stellen zu vergleichen: Thuk. I 130 οὐκέτι ἠδύνατο ἐν τῷ καθεστηκότι τρόπῳ βιοτεύειν. Chor. p. 35 οὐδὲ διετέλει βιοτεύειν ἐν τῷ καθεστῶτι τρόπῳ. Prok. I 350, 16 οὐκ ἐδύνατο ἐν τῷ καθεστῶτι τρόπῳ βιοτεύειν. Vergl. auch Prok. I 56, 3.

Thuk. II 61, 3 δοῦλοῖ γὰρ φρόνημα τὸ αἰφνίδιον καὶ ἀπροσδόκητον καὶ τὸ πλείστῳ παραλόγῳ ξυμβαῖνον. Chor. 227, 5 ἀλλὰ νῦν . . . τὸ αἰφνίδιον καὶ ἀπροσδόκητον καὶ πλείστῳ παραλόγῳ συμβὰν (ὃ γὰρ οὕτως ἐμπίπτει, μεγάλως δουλοῖ τὰ φρονήματα) οὐδὲν καθ'ἡμῶν ἀφῆκεν ἐκεῖνον διαλογίσασθαι. Prok. I 376, 12 τὰ γὰρ πολέμια τῷ ἀπροσδοκήτῳ δουλοῦσθαι πέφυκε. Prok. I 414, 17 τύχη γὰρ εὐθὺς μοχθηρὰ ὀφθεῖσα δουλοῖ τῶν αὐτῇ περιπεπτωκότων τὸ φρόνημα. Prok. II 464 3 τὸ πλείστῳ παραλόγῳ τῇδε ξυμβαῖνον. cf. Prok. II 486, 16.

Thuk. IV 22, 3 ἀνεχώρησαν . . . ἄπρακτοι. Chor. 231, 22 ἀπράκτοις ἀναχωροῦσιν. Prok. I 468, 3 ἀναχωροῦσιν ἄπρακτοι I 473, 1 ἄπρακτοι . . . ἀνεχώρησαν.

Thuk. VI 33, 4 ἀπράκτους ὤν ἐφίενται ἀπώσωμεν. Thuk. I 24 ἀπράκτους ἀπέπεμψαν. Chor. 233. 23 τὴν πρεσβείαν ἄπρακτον ἀπεώσασθε. Prok. II 263, 21 ἀπράκτους ἀπεπέμψατο Φράγγους. cf. II 345, 2. II 426, 2.

Thuk. II 7 λελυμένων λαμπρῶς τῶν σπονδῶν. Chor. 29, 24 λελυμένων τοίνυν λαμπρῶς τῶν σπονδῶν (diese Stelle hat Malchin nicht notiert). Prok. I 171, 2 τήν τε ἀπέραντον καλουμένην εἰρήνην λαμπρῶς ἔλυεν. I 356, 3 λελυμένων ἤδη σοι τῶν σπονδῶν.

---

[1]) Dass Choricius neben seinem Lehrer Prokop von Gaza wirkte, zeigt die Stelle des Choricius ed. Boiss p. 81 "Ὅσον γέγονε παιδευτὴς (Προκόπιος), τοσούτων ὑπῆρχε πατήρ, ἴσα καὶ τέκνων τοὺς φοιτητὰς ἀγαπῶν. Εἰ δὲ δή τι κἀμοὶ λόγου πρόσεστιν ἄξιον καὶ παιδεύειν ἐπιχειρῶ, οὐ πατήρ . . . μόνον, ἀλλὰ καὶ κάκκος ἤδη γεγονὼς ἐτελεύτα.

Chor. 21, 9 φιλοσοφίαν ἀσκήσαντες. Prok. II 11. 11 φιλοσοφίαν ἀσκήσαντα. cf. II 30, 18.

Chor. 45, 3 βουβῶνος ἐπαρθέντος. Prok. I 252, 8 βουβὼν ἐπήρτο.

Chor. 21, 12 πνέουσαν ἔσχεν ἐξ οὐρίας τὴν τύχην. Prok. II 329, 12 οἷς μὲν γὰρ ἐπιπνεῖ ἐξ οὐρίας τὸ πνεῦμα τῆς τύχης. cf. II 329, 18 πνέουσα . . . ἀπ᾿ ἐναντίας . . ἡ τύχη.

Nicht bloss einzelne Ausdrücke, sondern auch Gedanken des Prokop finden sich bei Choricius. cf. Prok. III 12, 7 ἄλλως τε καὶ τοῖς τὰ ὅμοια πεισομένοις, ἂν οὕτω τύχοι, πρὸς τῶν τυράννων οὐκ ἀκερδὴς αὕτη παντάπασιν ἡ ἀκοὴ ἔσται· παραμυθεῖσθαι γὰρ οἱ δυστυχοῦντες εἰώθασι τῷ μὴ μόνοις σφίσι τὰ δεινὰ ξυμπεσεῖν. Chor. 18, 7 τοῦ δὲ χάριν πονοῦμεν, τὰς τῶν παλαιῶν ἐκμαθόντες τύχας; . . . ὅπως . . . τήν τε ἄλλην ἐκεῖθεν ὠφέλειαν δρεψώμεθα. καὶ τοιούτου συμβάντος καιροῦ πρὸς ἄνδρας ἴσα πεπονθότας ἡμῖν ἢ πικρότερα πάθη τὸν νοὸν ἀναφέροντες, οὕτω οἴσωμεν ῥᾷον. Vergleiche auch Choricius 19, 7 und Prok. I 23, 2, Choricius 20, 10 und Prok. II 135, 22.

Von den erhaltenen Werken des Aeneas von Gaza ist am berühmtesten der Dialog „Theophrastos"[1]). Auch hier finden sich viele Phrasen, die von Prokop von Cäsarea verwendet worden sind. Vergleiche Aeneas 7 οὐκ ἔχω τίς γένωμαι. Prok. III 38, 7 ἡ δὲ οὐκ ἔχουσα τίς γένηται.

Aeneas 17, 7 Ποῖ φέρεσθε, ὦ ᾿Αθηναῖοι . . . Prok. I 92, 3 Ποῖ φέρεσθε, ἄνδρες ῾Ρωμαῖοι . .

Aeneas 17, 14 ἔστρεφε τὴν διάνοιαν. Prok. III 17, 15 ἔστρεφεν αὐτοῦ τὴν διάνοιαν. cf. II 270, 16.

Aeneas 35 μὴ πάντα τῇ φύσει πιστεύειν. Prokop von Gaza ep. 101 μὴ πάντα διδόναι τῇ τύχῃ. Prokop von Caes. I 86, 12 οὐ πάντα . . . χρεών ἐστι πιστεύειν τῇ τύχῃ. cf. II 115, 6.

Aeneas 45, 17 τοῦ θανάτου κρείττους γίνεσθαι. Prok. I 69, 5 ῾Ως μὲν οὐκ εἰσί . . . ἀνίκητοι . . . οὐδὲ κρείσσους ἢ θνήσκειν . . .

Aeneas 57, 15 ὅτι μὴ πρῶτος αὐτὸς ἕκαστος γέγονε . . . Prok. II 187, 2 αὐτὸς γὰρ ἕκαστος τὴν γέφυραν διαβαίνειν ἠπείγετο πρῶτος.

Aeneas 69, 6 νόμος δὲ αὖθις ἀναβιῶναι (οὐ γὰρ ἔδει τὸ σῶμα ἐς ἀεὶ μάτην ἐρρίφθαι. (Herod. V 33, 6 οὐ γὰρ ἔδεε τούτῳ τῷ στόλῳ Ναξίους ἀπολέσθαι.) Prok. I 213, 7 οὐ γὰρ αὐτὴν ἔδει Πέρσαις ἁλῶναι. II 184, 4 οὐ γὰρ ἔδει ῾Ρωμαίους τούτῳ τῷ Γότθων στρατοπέδῳ ἁλῶναι.

---

[1]) Boissonade, Aeneas Gazaeus et Zacharias Mitylenaeus. Paris 1836.

Aeneas 63, 14 Καὶ τὸ δένδρον ὁ φοῖνιξ εἰς ἀέρα μετεωρίζεται. Eine ähnliche Ausdrucksweise findet sich Prokop II 556, 8 τὸ θηρίον ὁ λύκος τῆς μὲν τριχὸς . . . Herwerden bemerkt zu dieser Stelle: Dele glossema. Es ist aber nichts zu ändern. Vergl. auch Prok. I 47, 16 Τὸ Κιλίκιον ὄρος ὁ Ταῦρος ἀμείβει μὲν . . . Das homerische ἐπὶ γήραος οὐδῷ (Il. X 60) findet sich bei Herodot III 14, Prokop von Gaza ep. 67, Aeneas 35, 2, Choricius 48, 2, Prokop von Caesarea II 557, 9.

Choricius hat eine besondere Vorliebe für Beschreibungen. Auch Prokop von Cäsarea hat gern die Gelegenheit ergriffen, die Lage von Städten und Kriegswerkzeuge zu beschreiben. cf. II 102, 11. 104, 11. 103, 15. Am meisten zeigt sich Prokop als Schüler der Gazäer in seiner Weltanschauung. Es wurde schon oft die Frage aufgeworfen, ob er ein Christ, ein Heide[1]) oder ein Jude war. Man nimmt jetzt an, dass er ein Christ gewesen sei, aber nur aus dem Grunde, weil nach den damaligen Gesetzen jeder, der ein öffentliches Amt bekleidete, ein Christ sein musste. Aus seinen zahlreichen Schriften liesse sich nichts entscheiden. Die Stellen, in denen er von dem Verhältnis des Menschen zu der überirdischen Macht spricht, zeigen, dass er in dieser Beziehung keine klare Vorstellung hatte. Bald scheint er wie ein Christ, bald wie ein alter Hellene zu denken. ὁ θεός und ἡ τύχη werden oft in demselben Sinne gebraucht. Vergl. hierüber Krumbacher, Byzant. Literaturgesch. p. 234. Von den Gazäern sagt Seitz (p. 5): „Wie weit diese sich an die alten Gebräuche und Anschauungen anschliessen durften, zeigt die manchmal ergötzliche Verquickung christlicher und vorchristlicher Vorstellungen." Die Rhetoren in Gaza waren alle Christen. Sie erscheinen zum Teil als Kommentatoren der heiligen Schrift. Und doch sind ihre rhetorischen Werke und ihre Briefe völlig heidnisch. Die Tyche erscheint bei ihnen ebenso wie bei Prokop von Cäsarea öfter als höchste Macht. Sie denken sich dieselbe als Person, die ihre Freude daran hat, die menschlichen Verhältnisse in Verwirrung zu bringen. Vergleiche folgende Stellen:

---

[1]) Das Schicksal Prokops teilt hierin Choricius. Von ihm sagt Kirsten, Quaestiones Choricianae, Diss. Vratislaviae 1894, p. 5 Utrum in numerum Christianorum an ethnicorum referendus sit, omnes fere viri docti disputaverunt, qui sophistae operam dederunt.

Prokop von Gaza ep. 101 ἀλλ' ὅρα, πρὸς θεῶν, ὁπόσον ἡ τύχη νεανιεύεται, μηδὲν ἐθέλουσα διακρίνειν, εἰ βάλλειν ἐπείγεται πονηροὺς, εἰ κατὰ σπουδαίων ἀφίησι τὰ τοξεύματα . . . . ὁ μὲν αἴρεται μέγας, ὁ δὲ πρὸς ὕφος ἐλθὼν προδιδοῦσαν ἔσχε τὴν τύχην καὶ πέπτωκε. ep. 75 τῇ τύχῃ τῶν ἀνθρωπίνων πραγμάτων, ἥτις ἐντρυφῶσα τοῖς ἡμετέροις ἄνω καὶ κάτω μεταθεῖ καὶ βραχείᾳ ῥοπῇ μεταβάλλεται, μηδὲν ἐθέλουσα βλέπειν ἑστηκὸς καὶ ἀνίκητον . . ep. 92 ἡ (τύχη) μὲν ὡς ἂν αὐτῇ δοκῇ φέρεται καὶ μεταπίπτει πολλάκις καὶ γελᾷ τὰ ἡμέτερα.

Prokop von Cäsarea II 625, 20 ἀλλὰ καὶ νῦν ἡ τύχη ὡραϊζομένη τε διαφανῶς καὶ διασύρουσα τὰ ἀνθρώπεια τό τε παράλογον τὸ αὐτῆς ἴδιον καὶ τὸ τοῦ βουλήματος ἀπρόφασιστον ἐπιδέδεικται. II 631, 15 ἡ τύχη διαχλευάζει τὰ ἀνθρώπεια . . οὐκ ἀεὶ κατὰ ταὐτὰ παρὰ τοὺς ἀνθρώπους ἰοῦσα οὐδὲ ἴσαις αὐτοὺς ὀφθαλμοῖς βλέπουσα, ἀλλὰ ξυμμεταβαλλομένη χρόνῳ καὶ τόπῳ, καὶ παίζει ἐς αὐτοὺς παιδιάν τινα παρὰ τὸν καιρὸν ἢ τὸν χῶρον ἢ τὸν τρόπον διαλλάσσουσα τὴν τῶν ταλαιπώρων ἀξίαν . . .

Die Tyche stellt auch den Menschen nach ep. 113 τὴν πάλαι τῆς τύχης ἐπιβουλήν . ., sie wird getadelt ep. 13 μέμφομαι τὴν τύχην, es wird ihr Dank gesagt ep. 4 χάριν . . ὡμολόγουν τῇ τύχῃ. ἡ τύχη und τὸ δαιμόνιον sind wie bei Prokop von Cäsarea so auch bei Prokop von Gaza gleiche Begriffe. cf. Prok. v. G. ep. 101 πανταχόθεν γὰρ ψηφίζεται τὸ δαιμόνιον μηδὲν μένειν οἷον καὶ γέγονεν, ἀλλ' εἴ τι κατὰ νοῦν ἐστιν ἀνθρώποις, „μικρόν" φησιν „ἀνάμεινον, καὶ πάντως οἰχήσεται. Dann finden sich auch bei Prokop von Gaza öfter wieder die Ausdrücke ὁ θεὸς und τὸ θεῖον. ep. 101 lesen wir: ὅτι ἂν ὁ θεὸς διδῷ, bei Prokop von C. findet sich häufig: ὅσα ἂν ὁ θεὸς διδῷ. cf. I 242, 16 II 134, 3.

Was ich hier vorgebracht habe, beweist wohl zur Genüge, dass Prokop von Cäsarea in Bezug auf Sprache und Weltanschauung völlig zu den Gazäern zu zählen ist.

Wenn wir nun die Schriften der Gazäer durchsuchen, so finden wir unter ihren Schülern wirklich einen Prokop. Choricius schrieb einen Ἐπιθαλάμιος εἰς Προκόπιον καὶ Ἰωάννην καὶ Ἠλίαν φοιτητὰς ὄντας αὐτοῦ[1]). In der Einleitung dieses Epithalamios sagt Choricius: Ἤμελλεν ἄρα τὸ τῶν γάμων ἐπίσημον καὶ τὸν ἄμοιρον ἔτι παστάδος εἰς εὐφημίαν κινεῖν καὶ λαχεῖν ἐπαινέτην ἄγαμον ῥήτορα. Aus dem Umstande,

---

[1]) Veröffentlicht von R. Förster in: Index lectionum in universitate litterarum Vratislaviae p. aest. a. 1891 habendarum, p. 19—24.

dass Choricius ein ἔτι zu ἄμοιρον setzt, ist zu schliessen, dass er
zur Zeit, als er den Epithalamios schrieb, in dem Alter stand,
in welchem er den Gedanken an das Heiraten noch nicht auf-
gegeben hatte. Dies dürfte aber die Zeit gewesen sein, in der er
neben Prokop von Gaza, welcher im J. 526 starb, Lehrer war.
Eben um diese Zeit muss Prokop von Cäsarea seine Studien in
Gaza vollendet haben. Er wurde im Frühjahr 527 πάρεδρος des
Belisar, des Kommandanten von Dara. Diese Stellung, über die
ich später noch sprechen werde, war unbedeutend, er muss sie
also in jungen Jahren, als er noch nicht lange von Gaza weg
war, erhalten haben. Der Epithalamios ist deshalb ins Jahr 526,
höchstens 2—3 Jahre früher zu setzen.[1]) Choricius hat sicher
nur für sehr vornehme oder wenigstens sehr begabte Schüler
einen Epithalamios geschrieben. Dass der Cäsareer einer der be-
gabtesten und vornehmsten Schüler der Gazäer war, geht aus
seinen Schriften hervor. Er muss deshalb mit dem von Choricius
genannten Prokop identisch sein. Man könnte sagen, Choricius
kann ja auch zu gleicher Zeit mehrere sehr vornehme Schüler
des Namens Prokop gehabt haben. Dann hätte er aber gewiss
den Prokop, der gerade heiratete, durch Hinzufügung des Namens
des Vaters näher bezeichnet.

In dem Epithalamios erfahren wir nicht sehr viel von Prokop
aber das Wenige, das wir dort lesen, passt völlig zu dem Bilde,
das wir uns aus seinen Schriften von ihm machen müssen. Zunächst
wird die σωφροσύνη und die εὐκοσμία der 3 Jünglinge gerühmt. Sie
haben an ihren Eltern die besten Vorbilder gehabt. Von dem
Vater des Prokop wird p. 22 noch besonders hervorgehoben:
οὕτω .. φιληκόως ἔχει πόλεών τε καὶ τόπων, ὥστε πολλῶν
ἀνθρώπων οἶδεν ἄστεα καθήμενος οἴκοι τὴν Ὀδυσσέως
εὐτυχῶν ἐμπειρίαν πλάνης ἐκτός. Von Prokop von Cäsarea

[1]) In der Geheimgeschichte III 37, 18 sagt Prokop, Justiniane, die
Tochter des Germanus, sei trotz ihres Alters von 18 Jahren noch nicht ver-
heiratet gewesen. Darnach müssen junge Mädchen in der Heimat Prokops
im Alter von 15—17 Jahren, Jünglinge wohl im Durchschnitt 2 Jahre später,
geheiratet haben. Da nun im Epithalamios p. 22 von den 3 Jünglingen Prokop,
Johannes und Elias gesagt ist: ἤδη νομφίου καὶ παιδοποιίας ὀρέγονται καὶ πάππους
ἐπιθμοῦσι τοὺς οἰκείους πατέρας ἰδεῖν οὔπω γενομένους πρεσβύτας, so dürfte Prokop
kaum mehr als 18 Jahre alt gewesen sein, als der Epithalamios geschrieben
wurde.

— 16 —

hat Dahn[1]) p. 64 f. bemerkt: „Aber entschieden eine Lieb-
lingswissenschaft ist ihm die Geographie; die zahlreich-
sten und weitläufigsten Exkurse, die er seiner Geschichte einver-
leibt, betreffen geographische Fragen; in der That, neben der
politischen Geschichte steht die Geographie obenan in
seinen Kenntnissen wie in seinem Interesse".

Den
Worten Dahns möchte ich hinzufügen: Prokop zeigt sich hierin
als der würdige Sohn seines Vaters, dessen aussergewöhn-
liches Interesse für Geographie von Choricius im Epithalamios gepriesen wird.

Aus dem Epithalamios erfahren wir weiter, dass Prokop
eine Askalonierin heiratete. cf. p. 20 τοῦτον ἐκ τῆς Ἀσκάλου τοξεύ-
οντες (οἱ Ἔρωτες) ἐχειρώσαντο· πολλὰ γὰρ ἴθυνεν εὐστόχως τὴν ἄφεσιν,
κάλλος, εὐγένεια, πλοῦτος[2]) τῆς κόρης. Später wird noch die εὐκοσμία
der Braut gerühmt. Für den Mann, der selbst äusserst vorsichtig
geheiratet hatte, passt es ganz gut, wenn er in der Geheimgeschichte
III 67, 12 gegen die Mesalliance des Justinian loszieht, der ein
Weib wie Theodora heiratete: παρὸν ἐκ πάσης ἀπολεξαμένῳ τῆς Ῥωμαίων
ἀρχῆς γαμετὴν γυναῖκα ποιήσασθαι τὴν πασῶν γυναικῶν μάλιστα εὖ τε
γεγονυῖαν καὶ τροφῆς κρυφαίου[3]) μεταλαγοῦσαν, τοῦ τε αἰδεῖσθαι· οὐκ ἀμε-

---

[1]) Dahn Felix, Prokopius von Cäsarea. Berlin 1865.

[2]) Aus den Werken Prokops geht hervor, dass er weite Reisen machte.
Man hat daraus geschlossen, dass er ein grosses Vermögen besessen habe. Aus
dieser Stelle des Epithalamios lässt sich vermuten, dass neben den Zuschüssen,
die er von seinem Vater erhielt, der Reichtum seiner Frau ihn in stand setzte,
grosse Reisen zu unternehmen.

[3]) Alle Herausgeber der Geheimgeschichte haben mit Alemannus κορφαίου
geschrieben. Ich behalte das von den Handschriften gebotene κρυφαίου bei.
Von Theodora heisst es III 60, 6 εἰς τὰ ἐπὶ σκηνῆς καθῆμεν αὐτήν und III 63, 17
Οὕτω μὲν οὖν ... τῇδε τῇ γυναικὶ .. τετράχθαι ξονέβη καὶ ἐς δημοσίους πολλὰς διαβοήτῳ
γεγενῆσθαι καὶ ἐς κάντας ἀνθρώκους. Nach Ansicht des Verfassers der Geheimgeschichte hätte Justinian ein Mädchen zur Frau nehmen können, das im Gegensatz zu Theodora fern von dem Treiben der Welt erzogen und infolgedessen
unbekannt war. Dass im Kreise der Gazäer, zu dem Prokop von Cäsarea gehört, es wirklich als höchstes Lob für eine Braut galt, wenn von ihr gesagt
werden konnte, dass sie in der Welt ganz unbekannt sei, zeigt eine Stelle des
75. Briefes des Prokop von Gaza, wo die verstorbene Braut des Diodorus mit
folgenden Worten beklagt wird: Καὶ δεινὸν μὲν οἶμαι τὸ πάθος, δεινότερον δὲ τοῖς
ἰδοῦσι τὸ θέαμα κόρη μηδὲ τοῖς οἰκείοις ἅπασιν ἐγνωσμένη ἐν πάντων ὄψεσιν
ἀντὶ καστάδος ἀγομένη πρὸς τάφον.

λέτητον γεγενημένην, καὶ σωφροσύνῃ ξυνῳκισμένην, πρὸς δὲ τῷ κάλλει ὑπερφυᾶ καὶ παρθένον τινὰ ... Gerade die Eigenschaften, die Choricius an der Braut des Prokop im Epithalamios rühmt, werden von dem Verfasser der Geheimgeschichte an Theodora vermisst. Im Epithalamios ist der Name des Vaters des Prokop leider nicht angegeben. Er lässt sich aber doch ermitteln. Es wird nämlich dort (p. 22) von ihm gesagt: ὁ μὲν κοινῇ ψήφῳ τῶν οἰκητόρων ἔναγχος αἱρεθεὶς ἀστυνόμος λυσιτελὲς ὁμοῦ καὶ τερπνὸν ἐξεῦρε δημιούργημα καὶ δέδωκε τοῖς ἐνοικοῦσιν ἐρίζειν πρὸς τὰς ἀγαλλομένας ὕδασι πόλεις· ὅσας γὰρ ὕδατος συγγράφουσιν ἀρετὰς οἱ δεινοὶ βασανίσαι τοῦ στοιχείου τὴν φύσιν, οὐδεμιᾶς ἐστιν ἀλλότριον οὐδὲ πασῶν ἐξ ὀλίγου μετέχει.. Darnach hat der Vater Prokops in Cäsarea eine Wasserleitung gebaut oder wieder hergestellt. Dass die Wasserleitung in Cäsarea zu der Zeit, in der Prokop noch ein junger Mensch war, wirklich wiederhergestellt und vergrössert worden ist, ersehen wir aus der nach Graux im J. 535/6 gehaltenen Rede des Choricius auf Aratius und Stephanus.[1]) Letzterer war Stadtpfleger von Cäsarea. Unter seinen Verdiensten wird § 10 die Wiederherstellung und Vergrösserung der Wasserleitung aufgezählt. Dieser Stephanus muss also der Vater des Geschichtschreibers Prokop[2]) gewesen sein, sei es nun, dass ἀστυνόμος von dem Rhetor im Epithalamios in der Bedeutung: Stadtbeschützer, Stadtlenker = curator oder Stadtpfleger gebraucht ist oder dass Stephanus zuerst ἀστυνόμος war und später zum Stadtpfleger gewählt wurde.

In dem spätestens im J. 526 geschriebenen Epithalamios ist gesagt, dass der Vater des Prokop die Wasserleitung herstellte, als er eben erst, also etwa im J. 522 (bis 524) zum ἀστυνόμος gewählt worden war. Dass Stephanus wirklich nicht früher Stadtpfleger geworden ist, geht wohl aus dem Umstand hervor, dass er noch im J. 556 im Amte war; dass die Wahl zum Stadtpfleger auch nicht viel später stattgefunden hat, können wir daraus schliessen, dass er schon im J. 536 wegen seiner ausserordentlichen Verdienste zum Prokonsul erhoben wurde, was doch eine grössere Reihe von Dienstjahren voraussetzen lässt. Ferner

----

[1]) Veröffentlicht in: Oeuvres de Charles Graux. tome second. Paris 1886, p. 11—34.

[2]) Hiermit nehme ich die in meinem Programm: Procopiana, Augsb. 1891 p 35 aufgestellte Hypothese zurück.

ist nach dem Epithalamios der Vater des Prokop τῇ κοινῇ ψήφῳ τῶν οἰκητόρων, nicht τῶν πολιτῶν gewählt worden. Dies passt wiederum auf Stephanus, da er nicht in Cäsarea, sondern in Gaza geboren und erzogen war. cf. Graux, Lobrede auf Aratius und Stephanus p. 26.

Stephanus muss etwas jünger gewesen sein als Prokop von Gaza; er war also wahrscheinlich selbst einmal Schüler dieses berühmten Rhetors, der sehr früh als Lehrer auftrat, sicher hat er ihn gekannt. Von den erhaltenen Briefen des Prokop von Gaza sind nicht weniger als 6 an einen Stephanus gerichtet, der ebenso wie der Stadtpfleger von Cäsarea aus Gaza stammte. cf. ep. 18. Aus dem 141. Brief geht hervor, dass Stephanus den Prokop eingeladen hatte, von Gaza weg in eine andere Stadt zu ziehen. Dem Prokop war viel Gold (πολὺ—χρυσίον) versprochen worden. Aus Choricius edit. Boiss. p. 6 wissen wir aber, dass 3 Städte versuchten, Prokop von Gaza für sich zu gewinnen, 2 davon, nämlich Antiochien und Tyrus, haben sich vergeblich bemüht. Choricius erzählt weiter: Παρῆλθεν ἑκατέρας τὸ φίλτρον ἡ Καίσαρος (i. e. Caesarea) τὰ μὲν βιαζομένη, τὰ δὲ κολακεύουσα, τὰ δὲ πειρωμένη χρυσίῳ πολλῷ δελεάζειν . . . ἕως ὀψὲ μὲν εἷλε τὸ θήραμα . . . In einer von den genannten 3 Städten muss Stephanus, der Prokop von Gaza eingeladen hatte, seinen Wohnsitz zu wechseln, in hohem Ansehen gestanden sein; da wir wissen, dass der Stadtpfleger von Cäsarea Stephanus hiess, so dürfen wir annehmen, dass dieser es war, an den der 141. Brief Prokops von Gaza (ebenso wie die Briefe 18, 30, 103, 114, 125) gerichtet ist.

In dem 18. Brief wird ein Sohn des Stephanus erwähnt: οὐδὲ παιδὸς θέλεις ἔτι μεμνῆσθαι καλοῦ γε ὄντος καὶ εἴ γε παρείης ἤδη σε δυναμένου πατέρα καλεῖν. Dieser Knabe dürfte Prokop geheissen haben. Der Brief ist also an Stephanus gerichtet, als letzterer selbst noch ein junger Mann war und in Alexandrien sich vorübergehend aufhielt. Später scheint er kurze Zeit als Rhetor[1]) gewirkt zu haben und in Cäsarea bald zu Ansehen gelangt zu sein. Er war ein begeisterter Verehrer des Prokop von Gaza. cf. ep. 30 und 141. Aber auch mit Äneas von Gaza war er befreundet. In dem 11., an einen Ex-

---

[1]) Solche Rhetoren scheinen öfter zu hohen Stellen sich emporgeschwungen zu haben; der Rhetor Zacharias wurde Bischof von Mytilene.

konsul Marinianus [1]) gerichteten Brief schreibt Äneas am Schlusse: προσφθέγγομαι τὸν ἐνδοξότατον Βίκτορα καὶ τὸν περίβλεπτον Στέφανον καὶ τὸν χαριέστατον Ἰωάννην . . Seitz hat diese Stelle nicht genau angesehen. Er glaubt nämlich (p. 26), Äneas habe dem Marinianus die Rhetoren Viktor, Stephanus und andere empfohlen. προσφθέγγομαι heisst aber (cf. ep. 24): ich grüsse. Die Adjektive ἐνδοξότατος = illustris und περίβλεπτος = spectabilis sind Ehrenprädikate, die den höchsten Beamten des byzantinischen Reiches zukamen. Viktor und Stephanus müssen also Beamte gewesen sein. Von Stephanus, dem Stadtpfleger von Cäsarea wissen wir aber, dass er im J. 536 zum Prokonsul von Palästina erhoben wurde und zugleich das Prädikat περίβλεπτος erhielt. cf. Novelle 103 cap. I ἀνθύπατόν τε ἀποτελοῦμεν τὸν τὴν ἀρχὴν ἔχοντα καὶ δίδομεν αὐτῷ τὸ τοῖς περιβλέπτοις ἐγγράφεσθαι. cap. II Στέφανος ὁ περίβλεπτος ὁ νὺν πρῶτος ἐπ' αὐτῆς γενόμενος. Es kann somit kaum ein Zweifel darüber bestehen, dass Äneas in seinem 11. Brief den Prokonsul Stephanus [2]) grüssen lässt und dass dieser mit den Häuptern der Rhetorenschule in Gaza sehr befreundet war.

Stephanus war, wie ich schon erwähnt habe, bis zum Jahre 556 im Amte. Im Juli dieses Jahres wurde er von den Samaritern getötet und all sein Hab und Gut geraubt. Seine Frau fuhr nach Konstantinopel zum Kaiser. Dieser liess die Schuldigen strenge bestrafen und, wie sich aus Präcedenzfällen schliessen lässt, der Familie des Stephanus das Vermögen wieder zurückgeben. Letzteres wird wohl erst 557 oder 558 geschehen sein. Im Jahre 559 schrieb Prokop seine vielbesprochene Lobrede auf Justinian. Hierüber werde ich im 4. Abschnitt ausführlicher sprechen.

War Prokop Jurist? Prokop ist im Frühjahr 527 Geheimschreiber des Belisar geworden. Aus diesem Umstande hat man geschlossen, das er Jurist gewesen sei. Dahn hat aber gezeigt, dass er wenig juristische Kenntnisse besass. Es scheint mir, dass

---

[1]) Ein Konsul Marinianus findet sich in den fasti consulares nicht, auch „Marcianus", wie Hercher vorschlägt, dürfte kaum richtig sein. Vielleicht ist der Brief an den von Marcellinus Comes p. 308 genannten Sabinianus, Sabiniani magni filius gerichtet gewesen.

[2]) Der ἐνδοξότατος Βίκτωρ wird wohl στρατηγός τῆς Παλαιστίνης und Nachfolger des Aratius gewesen sein.

er überhaupt kein Jurist war. Da schon seit Diocletian und Konstantin die militaris administratio von der civilis administratio getrennt war, so waren bei einem Militärbeamten, besonders bei Belisar, der zur Zeit, als er Prokop zu seinem Geheimschreiber machte, Kommandant in Daras war, kaum besondere juristische Fragen zu entscheiden. Libanius [1]) erzählt von dem Assessor eines Feldherrn folgendes: παρεδρεύει στρατηγῷ, οὐ διὰ τὴν περὶ τὸ πρᾶγμα ἐμπειρίαν, οὐδὲ γὰρ ἐν συνδίκων τάξει πώποτε ἐγεγόνει, ἀλλ' οὐδὲν οἶμαι δεῖ τοιαύτης ἐμπειρίας ἐνταῦθα · καθῆσθαι γὰρ οὐκ ἐπ' ἐξετάσει δικῶν, ἀλλ' ἐπὶ πληγαῖς τὸν στρατηγὸν ὥστ' ἔργον εἶναι τῷ τοιούτῳ παρέδρῳ κοινωνίαν τρυφῆς καὶ μάλιστα δὴ ποτοῦ. An diese Worte des Libanius erinnert sehr die Stelle Prok. I 396, wo von einem Gastmahl erzählt wird, an dem alle bedeutenden Männer im Heere, darunter der Geheimschreiber Belisars teilnahmen. Wie es kam, dass Prokop von Belisar zum Assessor gewählt worden ist, darüber will ich keine Vermutung aussprechen; nur soviel möchte ich hier sagen, dass I 59, 1 gute Handschriften τότε δὴ αὐτῷ (statt αὐτοῦ in der Bonner Ausgabe) ξύμβουλος ᾑρέθη Προκόπιος bieten, und dass somit Prokop zweifellos von Belisar selbst wohl wegen seiner Kenntnis der syrischen Sprache [2]) zum Assessor ernannt wurde. An Empfehlungen an Belisar dürfte es dem Sohne des Stadtpflegers von Cäsarea kaum gefehlt haben.

II.

Leopold von Ranke und Gibbon zeigen in ihren Werken gelegentlich daraufhin, dass Prokop in der Darstellung der Dinge, die seiner Zeit vorangehen, wenig Glauben verdiene. Es sind

---

[1]) cf. Hitzig H. F., Die Assessoren der römischen Magistrate und Richter. München 1893, p. 168.

[2]) Der Nachfolger Prokops war Georg. Dass dieser der syrischen Sprache mächtig war, geht aus Prok. I 235, 13 hervor. Dass Prokop, der wahrscheinlich in der syrischen Stadt Gaza geboren und sicher dort erzogen war, genau Syrisch verstand, ist selbstverständlich. Sein Vater Stephanus führte nach dem von Mommsen im 6. Bd. d. Hermes p. 378 veröffentlichten Malalasfragment den Beinamen: ὁ Σύρος. In Gaza war auch Gelegenheit, Latein zu lernen. Nach dem 149. Brief des Prokop v. Gaza lehrte dort ein gewisser Hierius das Lateinische. Wegen seiner Kenntnis des Lateinischen dürfte Prokop dem Belisar ein willkommener Begleiter auf seinen Zügen nach dem Westen gewesen sein. Prokop sah diese Reisen mit Belisar jedenfalls als höchst günstige Gelegenheit an, Land und Leute kennen zu lernen.

dann auch Einzeluntersuchungen erschienen, in denen diese Frage
ausführlicher behandelt wird. Wenn ich noch einmal darauf
zurückkomme, so geschieht dies nur deshalb, weil mir manches
nicht richtig erörtert zu sein scheint. Ich werde hier hauptsächlich an die schon erwähnte Arbeit Brückners und an Kirchner,
„Bemerkungen zu Prokops Darstellung der Perserkriege von
502—532, Progr., Wismar 1887" anknüpfen.

Die erste Ungenauigkeit will Brückner (p. 19) Prokop in dem
Abschnitt I p. 13 nachweisen. Hier wird erzählt, Arcadius habe,
als er sich seinem Ende nahe fühlte, seinen Sohn Theodosius,
der noch sehr klein war (οὔπω τοῦ τιτθοῦ ἀπαλλαγείς), durch ein
Testament zum Nachfolger ernannt und unter die Vormundschaft
des Perserkönigs Isdigerdes gestellt. (I 14, 5 διάδοχον μὲν τῆς ἡγε-
μονίας ἀνεῖπε τὸν παῖδα, ἐπίτροπον δὲ αὐτῷ κατεστήσατο Ἰσδιγέρδην τὸν
Περσῶν βασιλέα). Brückner glaubt, Prokop habe sich bezüglich
des Alters des Theodosius getäuscht, da dieser bei dem Tode des
Arcadius schon 8 Jahre alt war. Wir wissen aber aus Theophanes
I 80, 8 τὸν δὲ νέον Θεοδόσιον μικρότατον ὄντα καὶ ἀπερίστατον κατανοήσας
Ἀρκάδιος ὁ πατήρ, καὶ δείσας, μή ἀπό τινος ἐπιβουληθῇ, βασιλέα αὐτὸν
ἀναγορεύσας κουράτορα αὐτοῦ κατὰ διαθήκας κατέστησεν Ἰσδιγέρδην . .,
dass Arcadius zu gleicher Zeit den Theodosius zum Kaiser ernannt
und Isdigerdes als Vormund desselben bestellt habe. Durch denselben Theophanes I 81, 3 κατέλιπε Θεοδόσιον τὸν υἱὸν αὐτοῦ βασιλέα
ἐτῶν ή, ὄντα, συμβασιλεύσαντα δὲ τῷ πατρί Ἀρκαδίῳ ἔτη, ς' erfahren wir,
dass dies alles schon 6 Jahre vor dem Tode des Arcadius geschehen
ist. Auch Malalas berichtet 348 f., dass Arcadius den Theodosius
sehr bald zum Kaiser ernannt habe. Theodosius war also 2 Jahre
alt, als er zum Kaiser proklamiert und unter die Vormundschaft
des Isdigerdes gestellt wurde und Prokop hat mit den Worten:
οὔπω τοῦ τιτθοῦ ἀπαλλαγείς sein Alter richtig angegeben. Noch bei
Lebzeiten des Arcadius schickte Isdigerdes den Antiochus, der
einstweilen den Theodosius erziehen und später die Vormundschaft
übernehmen sollte. An dieser Geschichte, die auch von Bar-
Hebraeus [1]) erzählt wird und von der nach Nöldeke auch Hamza
weiss, kann ich nicht viel Unwahrscheinliches finden.

---

[1]) Prokop und Bar-Hebraeus stimmen ziemlich überein. Die Erzählung dürfte
deshalb auf Zacharias von Mytilene zurückgehen, den Prokop auch sonst direkt
und Bar-Hebraeus durch Vermittelung von Michael dem Grossen benützt hat.

Brückner war nicht der erste, der die besprochene Erzählung für eine Fabel erklärt hat. Schon Leopold von Ranke hat in seiner Weltgesch. IV 2, 288 in folgender Weise seine Bedenken ausgesprochen: „Er erzählt es in Verbindung mit Sagen, in denen die Magier und das Gefängnis der Vergessenheit, eine wunderliche Ausgeburt der Phantasie, eine grosse Rolle spielen". Was Ranke gegen die Darstellung Prokops vorbringt, ist unrichtig. Prokop erzählt nämlich im 2. Kapitel des ersten Buches die Geschichte von der Vormundschaft des Isdigerdes, erst im 5. Kapitel lesen wir dann von den „Sagen, in denen die Magier eine grosse Rolle spielen."

Im 7. Kapitel schildert Prokop die Belagerung und Eroberung von Amida durch die Perser. Kabades hat alle Belagerungskünste angewendet, um in den Besitz der Stadt zu gelangen; es war aber lange alles umsonst. Endlich drang man durch einen unterirdischen Gang ein, zu einer Zeit, in der die Wächter, welche den diesem Gang zunächst gelegenen Thurm bewachen sollten, fest schliefen. Kirchner und Brückner glauben, die Darstellung Prokops beruhe auf schriftlichen oder mündlichen Erzählungen von Persern. Wie mir scheint, ist die Hauptquelle Prokops der schon erwähnte syrische Bericht eines Bewohners von Amida, der ins Lateinische übersetzt und veröffentlicht ist in: Mai, Collectio nova X. Mit diesem stimmt Prokop im Ganzen und auch im Einzelnen ziemlich wörtlich überein:

Prok. I 37, 16	Zach. p. 369
Πέρσαι γοῦν διὰ τοῦ ὑπονόμου ἐντὸς τοῦ περιβόλου κατ' ὀλίγους γενόμενοι ἐς τὸν πύργον ἀνέβαινον καὶ τοὺς μοναχοὺς καθεύδοντας ἔτι εὑρόντες ἀπέκτειναν ἅπαντας.	per aquaeductus ingressi in monachorum turrim evaserunt, iisque interfectis turri potiti sunt.
καὶ τῶν Ἀμιδηνῶν, οἳ ἐν πύργῳ τῷ ἐχομένῳ ἐφύλασσον αἰσθόμενοι τοῦ κακοῦ κατὰ τάχος ἐβοήθουν.	eo casu intellecto qui proximam turrim custodiebant, suppetias extinctis monachis ferre conati sunt
ὅπερ ἐπεὶ Καβάδης ἔγνω, τὰς κλίμακας τῷ τείχει τούτου δὴ ἄγχιστα τοῦ πύργου προσῆγεν· ἡμέρα δὲ ἦν ἤδη . .	Diluculo autem rege cum copiis superveniente, scalae in moenia directae sunt.

Später werden dann die Feldherrn aufgezählt, die nach der Eroberung Amidas durch die Perser von Anastasius in den Orient geschickt worden waren: Areobindus, Celer, Patricius, Hypatius. Prokop I 39, 18 und Zacharias fahren dann weiter:

ξυνὴν δὲ αὐτοῖς καὶ Ἰουστῖνος, ὃς δὴ quibuscum erat etiam Justinus
ὕστερον Ἀναστασίου τελευτήσαντος Comes, qui post Anastasium
ἐβασίλευσε. purpuram induit.

Auch die Geschichte von Glones, die Prokop I 43 ff. erzählt, findet sich in sehr ähnlicher Weise bei Zacharias wiedergegeben. Da nun nachgewiesen ist, dass Prokop nicht persische, sondern christlich-syrische Quellen benützt hat, so ist auch die Vermutung Brückners widerlegt, Prokop habe die Stelle I 37, 8 τὸν πύργον . . φυλάσσειν τῶν Χριστιανῶν οἱ σωφρονέστατοι ἔλαχον, οὕσπερ καλεῖν μοναχοὺς νενομίκασι sei es aus Gedankenlosigkeit, sei es aus Eilfertigkeit seinem persischen Berichterstatter nachgeschrieben oder nachübersetzt. Ich habe überhaupt keine Stelle in den Historien Prokops gefunden, durch die bewiesen werden könnte, der Verfasser derselben habe eilfertig oder gedankenlos geschrieben.

Theophanes erzählt I 145, die Perser hätten Amida durch Verrat in ihre Gewalt bekommen. Wie es kam, dass auch behauptet wurde, Amida sei durch Verrat eingenommen worden, können wir aus den vorhandenen Quellen leicht feststellen. Zacharias berichtet nämlich: Turris quaedam in parte urbis occidentali commissa fuerat custodiae monachorum, qui monasterium Joannis iberi incolebant, quorum abbas gente persa erat. Da der Abt jener Mönche, durch deren Unachtsamkeit die Perser eindrangen, selbst von Geburt ein Perser war, so konnte leicht das Gerede entstehen, die Mönche seien Verräter gewesen. Dass diese des Verrates beschuldigt wurden, sagt ausdrücklich Marcellinus Comes: Amidam, opulentissimam civitatem, monachorum eius astu proditam, Choades rex Persarum quinto mense, quam expugnare eam coeperat, irrupit proditoresque eius monachos obtruncavit. Schon Josua Stylites wusste, dass von Verrat gesprochen wurde. cf. Josua Stylites cap. 54 Est-ce à la faveur de cette négligence, ainsi que nous le pensons, est-ce par la fraude et par la trahison comme quelques uns l'on dit, . . . toujours est-il que les Perses s'emparèrent du rempart d'Amed . . . Prokop hat wohl deshalb

nichts von Verrat gesagt, weil er ebenso wie Josua Stylites nicht
glaubte, dass die Mönche Verräter gewesen seien.

Durch die Darstellung der Ereignisse, die auf die Eroberung
von Amida folgen, zieht sich Prokop wieder ganz besonderen
Tadel zu. Man wirft ihm Parteilichkeit vor, Kirchner macht er
durchaus den Eindruck des Anekdotenjägers. Aber auch hier
sind wir durch orientalische Quellen gut unterrichtet und können
mit Hilfe derselben nachweisen, wie wenig Prokop solche Vorwürfe
verdient. Es ist gewiss nicht ein Zeichen von Parteilichkeit, wenn
Prokop die „Verdienste" des Areobindus verschweigt. Die Verdienste des genannten Feldherrn waren nämlich nicht so bedeutend,
wie sie nach Theophanes scheinen könnten. Wir sehen dies aus
Johannes Lydus 245, 19 καὶ χειρὶ μὲν νικᾶν 'Ρωμαῖοι δυνάμενοι, ἀσωτίᾳ
δὲ καὶ τρυφῇ 'Αρεοβίνδου τοῦ τελευταίου (ἦν γὰρ φιλῳδὸς καὶ φίλαυλος καὶ
φιλογρήμων καὶ ἀπειρίᾳ καὶ δειλίᾳ Πατρικίου καὶ 'Υπατίου . . . ἡλαττώθησαν
und noch deutlicher aus Josua Stylites cap. 55. Darnach lagerte
Areobindus an der persischen Grenze in der Nähe von Nisibis. Die
Truppen, welche von Kabades gegen ihn geschickt waren, hat er
glücklich zurückgeschlagen. Als Kabades selbst heranrückte, floh
Areobindus: abandonna son camp et se sauva à Thella et à Edesse
livrant tous ses bagages au pillage et à la discrétion de l'ennemi.
(cf. cap. 56). Über die Flucht des Areobindus berichtet Prokop
I 41, 8 ganz in derselben Weise: ἀπολιπὼν τὸ στρατόπεδον ξὺν τοῖς
ἑπομένοις ἅπασιν ἐς φυγὴν ὥρμητο καὶ ἐς Κωνσταντίναν (= Thella) δρόμῳ
ἐχώρει. Recht unklar drückt sich in diesem Abschnitt Theophanes
I 146, 10 aus: 'Αρεόβινδος . . . Κουάδην τότε εἰς τὸ Νισίβιος διατρίβοντα
διαφόροις μάχαις καταγωνίζεται τὸ Περσικὸν καὶ τοῦ Νισίβιος Κουάδην
ἀπελαύνει καὶ πολλοῖς διαστήμασιν εἴσω χωρῆσαι τῆς χώρας πεποίηκεν.
Diese Worte können nur sagen wollen, dass Areobindus die Perser,
die zum Entsatz von Nisibis heranrückten, „wegtrieb". Es ist ganz
unrichtig, zu übersetzen: „Er vertrieb den Kabades aus Nisibis",
da Areobindus Nisibis nicht erobert hat, - was wir aus Theophanes
I 148, 13 schliessen können und bei Zacharias p. 371 ausdrücklich lesen: Areobindus vero et Hypatius Nisibin aggressi sunt,
quamquam eius munitiones occupare frustra conati sunt, civibus
licet Romanos desiderantibus ideoque languidius resistentibus.
Auch die Behauptung des Theophanes, Areobindus habe die Perser
in das Innere des Landes zurückgedrängt, ist absolut unwahr-

scheinlich. Areobindus, der Nisibis nicht erobern konnte, hat kaum
diese mächtige Festung im Rücken liegen lassen und sich nach
Persien hineingewagt. Von der Flucht des Areobindus, von welcher
Prokop, Zacharias und Josua Stylites berichten, weiss Theophanes
gar nichts, dagegen vergisst er nicht I 147, 5, einen Sieg des
Areobindus zu erwähnen: οὕτω τοίνυν (Κουάδης) καὶ τὰ περὶ τὴν Ἔδεσαν
μάλιστα καταδραμών, καθ' ἣν ὁ Ἀρεόβινδος ἦν· πλὴν οὐ πράξας ἐκεῖ
δεξιῶς, ἀλλὰ παρ' ἐλπίδας ἐλαττοῦται τῆς Ἀρεοβίνδου μάχης. Brückner
wirft Prokop vor, er verschweige, dass Areobindus später „einen
unverhofften, aber entscheidenden Sieg bei Edessa über Kabades
davontrug." Aus den allgemeinen und bescheidenen Worten des
Theophanes kann man aber doch kaum einen „entscheidenden
Sieg herauslesen, um so weniger, als nicht einmal Theophanes
behauptet, Kabades sei durch Areobindus von Edessa weggetrieben
worden. Josua Stylites gibt uns auch hier genügende Auskunft.
Nach diesem (cap. 61) lagerte Kabades mit einem sehr grossen
Heere vor Edessa. Einige Soldaten kamen aus Edessa heraus
und töteten viele Perser, ohne selbst einen Verlust zu erleiden.
Am nächsten Morgen kam Areobindus aus dem grossen Thore
heraus und verhandelte mit Kabades; er gab den Comes Basilius
als Geisel und versprach 2000 ℔ Gold zu zahlen. Kabades zog
ab, kehrte aber bald wieder zurück. Areobindus verbot den
Römern, die Perser anzugreifen. Gleichwohl zogen einige Bauern,
mit Schleudern bewaffnet, gegen Kabades und töteten eine grosse
Anzahl Schwerbewaffneter. Die Perser wollten in die Stadt ein-
dringen, aber infolge einer Staubwolke entstand unter ihnen
grosse Verwirrung und ihre Pfeile trafen nicht. Da sie sahen,
dass sie die Stadt nicht einnehmen könnten, zündeten sie die
Kapellen des Sergius und der Bekenner und die Kirche zu Neg-
bath an und zogen ab. Von Areobindus ist dann cap. 64 gesagt:
Le stratélate Aréobinde, ayant vu le zèle des compagnards, leur
vaillance et la protection céleste qui les couvrait, rassambla, le
jour souivant, dans l'Église, tous ceux qui étaient à Edesse et
leur distribua trois-cents dinars. Zu diesem Siege, der durchaus
nicht entscheidend war, hat der völlig energielose Areobindus
nicht das Geringste beigetragen und man darf es nicht als Zeichen
von Parteilichkeit anführen, wenn Prokop denselben nicht erwähnt. Theophanes scheint die Thaten des Areobindus, des

Gemahls der frommen Juliane (cf. Chron. Pasch. I 610. Theoph. I
157, 34) absichtlich in besserem Lichte dargestellt zu haben.

Nach Prokop I 42, 21 wurde Areobindus vom Kriegsschau-
platz abberufen; hierin hat sich unser Geschichtschreiber geirrt.
Nach Theophanes I 148, 3 und Malalas 399 nämlich wurden
Appion und Hypatius nach Konstantinopel zurückgerufen. Diese
Nachricht wird durch Josua Stylites cap. 89 unterstützt: Pharza-
mane fut fait général par l'Empereur, à la place d'Hypatius.
Areobindus blieb noch im Orient, aber er hatte kein selbständiges
Kommando mehr, er stand vielmehr unter Celer, der auch den
Frieden mit den Persern abschloss.

Wir haben nun gesehen, dass Prokop bei der Darstellung
der Dinge, die seiner Zeit vorangingen, mit Chroniken übereinstimmt,
die im Orient entstanden sind, im Gegensatz zu Malalas und Theophanes, die sehr oft dem Hofberichte folgen. Daraus dürfte zu
schliessen sein, dass Prokop sein Geschichtswerk nicht in Konstantinopel, sondern im Orient verfasst hat und dass er mit den
Worten der Einleitung seiner Historien: Ιΐροκόπιος Καισαρεύς τούς
πολέμους ξυνέγραψεν nicht sagen will, dass er in Cäsarea geboren
sei[1]), sondern dass er zur Zeit, als er diese Stelle schrieb, d. h.
im J. 545/6 in Cäsarea lebte.

Ich glaube nun gezeigt zu haben, dass Prokop in der Einleitung des Perserkrieges seine Quellen sorgfältig benützt hat. Er
bringt allerdings hier keine vollständige Geschichte. Was er aber
berichtet, ist eine höchst wertvolle Ergänzung der Nachrichten,
die wir bei anderen Geschichtschreibern und Chronisten aus dieser
Zeit finden. Wenn er manches scheinbar Wichtige wegliess, so
darf man dies nicht ohne weiteres als Zeichen von Unwissenheit
betrachten, was uns ein Beispiel beweisen kann. Kirchner sagt
p. 9: „Über einen anderen Kriegsschauplatz, den in Palästina, erhalten wir gar keine Nachrichten durch Prokop“, und p. 10:
„Nicht lange darauf erheben die Samariter einen gewissen Julianus

---

[1]) Bisher nahm man an, Prokop sei in Cäsarea geboren und habe in
Konstantinopel seine Geschichte geschrieben. Wenn aber aus jenem kleinen
Sohn des Stephanus, von welchem oben p. 18 gesprochen worden ist, der Geschichtschreiber Prokop wurde, so muss man annehmen, dass dieser in Gaza
geboren sei und, da er sagt: Ιΐροκόπιος Καισαρεύς κτλ., in Cäsarea Geschichte
geschrieben habe.

zum Könige . . . Jedenfalls hätten diese Vorgänge eine Erwähnung durch Prokop wohl verdient." Dass Prokop, der in Cäsarea, der Hauptstadt von Palaestina prima seine Geschichte schrieb, über die Unruhen der Samariter genau unterrichtet war, ist selbstverständlich; er spricht auch davon, aber nicht in den Historien, sondern in der Geheimgeschichte III 75. Dort sagt er uns, dass an dem Aufstand eine Verordnung schuld war, durch welche alle gezwungen werden sollten, den orthodoxen Glauben anzunehmen. Wenn er in dem Perserkrieg davon nicht spricht, so kommt dies offenbar daher, dass er nicht der Ansicht war, dass dieser Aufstand in enger Beziehung zu dem Perserkrieg stand.

Wie Prokop seine Quellen in der Einleitung zum Vandalenkrieg benützt hat, ist schon von Schulz[1]) untersucht worden. Eine weitere Untersuchung dieser Frage muss ich mir vorläufig versagen; nur soviel möchte ich bemerken, dass es an sich schon wahrscheinlich ist, dass Prokop, der in Cäsarea seine Geschichte geschrieben hat, für die frühere Geschichte der Vandalen und des weströmischen Reiches wenig gute Quellen besass.

III.

Schon manche Gelehrten haben behauptet, Prokop sei parteiisch gewesen. Auler[2]), Kirchner und Brückner haben im Einzelnen dies nachzuweisen gesucht. Man kann aber mit ihrer Beweisführung nicht einverstanden sein.

Zunächst wird von Brückner p. 48 Prokop vorgeworfen, dass er den Kaiser Anastasius zu sehr begünstige, dagegen gegen Justin und Justinian von Hass erfüllt sei und dass er nicht vergesse, zu konstatieren, dass die ehemaligen Feinde des Anastasius, z. B. Johannes der Neffe des Vitalian unter Justin und Justinian hervorragende Stellungen einnahmen. Die Unbotmässigkeit des Johannes gegen Belisar hebe Prokop scharf hervor. Warum dieser Johannes Belisar nicht gehorchte, sagt uns Prokop in der Geheimgeschichte,

---

[1]) Schulz A., Procopius de bello vandalico. Progr., Gotha 1871.
[2]) Auler A., de fide Procopii Caesareensis in secundo bello Persico Justiniani I. imperatoris enarrando. Diss., Bonn 1876.

und dass unser Geschichtschreiber gegen Johannes, den Neffen des Vatalian, der sich gegen Anastasius erhoben hatte, nicht eingenommen war, beweist er glänzend durch die Stelle II 185, 18 καὶ μέγα κλέος ἐκ τοῦ ἔργου τούτου Ἰωάννης ἔσχε, διαβόητος καὶ τὸ πρότερον ὤν· τολμητής τε γὰρ ἦν καὶ αὐτουργὸς ἐν τοῖς μάλιστα, ἔς τε τοὺς κινδύνους ἄοκνος, δίαιταν τε σκληρὰν καὶ ταλαιπωρίαν τινὰ ἐς ἀεὶ εἶχε βαρβάρου ὁτουοῦν ἢ στρατιώτου οὐδενὸς ἧσσον. Grösseres Lob kann einem Feldherrn wahrlich nicht gespendet werden! Ein anderer Feldherr, Sittas heiratete Komito, die Schwester der Kaiserin Theodora; bald darauf wurde er der Vorgesetzte des Belisar. Wenn nun Prokop in den Historien parteiisch wäre, wie man vielfach annimmt, so müsste er sich schon deshalb über Sittas sehr erzürnt zeigen, weil er der Schwager der Theodora und des Justinian war. Er ist aber gegen Sittas gar nicht eingenommen, er rühmt ihn vielmehr in hervorragender Weise (cf. I 162, 5 Σίττας ἐξ ἀνθρώπων ἠφάνιστο οὐδενὶ λόγῳ, ἀναξίως τῆς τε ἀρετῆς καὶ τῶν ἐς τοὺς πολεμίους ἀεὶ πεπραγμένων, ἀνὴρ τό τε σῶμα ἐς ἄγαν καλὸς γεγονώς καὶ ἀγαθὸς τὰ πολέμια, στρατηγός τε ἄριστος τῶν καθ' αὑτὸν οὐδενὸς ἧσσον.), ja er stellt ihn sogar neben seinen Belisar, indem er die Armenier vor Chosroes sprechen lässt (I 166, 6): δυοῖν στρατηγοῖν, οἵπερ αὐτοῖς ἄριστοι ἦσαν, τὸν ἕτερον μὲν Σίτταν κτείναντες ἤκομεν, Βελισάριον δὲ οὔποτε Ἰουστινιανὸς τὸ λοιπὸν ὄψεται. Solche Stellen beweisen doch, dass Prokop alle Feldherrn lobte, welche es verdienten, ohne Rücksicht darauf, ob diejenigen, welche gepriesen wurden, einmal Feinde des Anastasius gewesen oder mit Justinian verschwägert waren.

Als Zeichen der Parteilichkeit Prokops ist auch der Umstand angeführt worden, dass er sagt, in der Umgebung Justinians seien gewissenlose Leute gewesen und dass er unter diesen Johannes den Kappadocier anführt, „auf den er schon deshalb nicht gut zu sprechen war, weil er zu den Gegnern seines Belisar zählte." Nun war aber auch nach Johannes Lydus dieser Johannes der Kappadocier ein ganz verkommenes Subjekt. cf. Johannes Lydus p. 251 Ἀντίοχός τις, ἤδη γέρων τὴν ἡλικίαν. ἐμηνύθη αὐτῷ χρυσίου δεσπότης εἶναί τινος· συσχὼν οὖν αὐτὸν χαλῳδίοις στιβαροῖς ἀνέθησεν ἐκ χειροῖν, ἕως ἔξαρμος γενόμενος ὁ γέρων νεκρὸς τῶν δεσμῶν ἠλευθερώθη, ταύτης ἐγώ τῆς μιαιφονίας γέγονα θεωρός· ἠπιστάμην γὰρ τὸν Ἀντίοχον· πρᾶξις μὲν οὖν αὕτη τῷ Καππαδόκῃ πασῶν μετριωτάτη. Nach p. 256 hat

Johannes[1]) seine Leute, sogar Köche zu den höchsten Ämtern emporgebracht. Wer sich davon überzeugen will, dass Johannes ein Ungetüm war, der möge S. 256 bis S. 258 lesen, er wird dann zugeben, dass es nicht als Zeichen von Parteilichkeit betrachtet werden kann, wenn Prokop I 122, 2 von Johannes dem Kappadocier sagt: πονηρότατος . . ἀνθρώπων ἁπάντων . . . . οὔτε θεοῦ λόγος οὔτε ἀνθρώπων αὐτὸν αἰδώς τις ἐσῄει.

Besonders an der Darstellung der Thaten Belisars wollen Kirchner und Brückner die Parteilichkeit Prokops beweisen. Ihre Ausführungen lassen sich aber in vielen Fällen leicht widerlegen So spricht Kirchner p. 9 von dem Krieg in Lazien, der im J. 528 gegen die Perser geführt wurde. Justinian schickte, wie Theophanes I 174, 21, das Chronicon Pasch. I 618 und Cedren I 643 berichten, drei Feldherrn: Belisar, Kerykos und Irenäus (nach Cedren und Theophanes: Petrus) gegen die Perser. Sie wurden besiegt und von dem erzürnten Justinian abgesetzt. Kirchner ist es nicht entgangen, dass Malalas 427, 5 nicht Belisar, sondern Gilderich nennt. Was das Chronicon Pasch. und Cedren erzählen, ist aus Theophanes und Malalas abgeschrieben. An unserer Stelle kommen also nur Malalas und Theophanes in Betracht. Prokop weiss nichts davon, dass Belisar sich damals in Lazien befand, und wenn man gegen ihn nicht von vornherein eingenommen ist, so wird man sagen: Die Lesart Βελισάριον bei Theophanes ist unrichtig. Kirchner thut dies nicht; er sagt vielmehr p. 9: „Diese Angabe (des Theophanes) ist doch wohl nicht zu verwerfen . . . Prokop scheint diese für seinen Helden unrühmliche That lieber verschwiegen zu haben." Wir wissen aber aus Malalas p. 441, dass Kabades im J. 528 zwei Heere ins Feindesland schickte, eins nach Mesopotamien und ein zweites nach Lazien. Nach demselben Malalas p. 441 und nach Prokop I 60 hat Belisar gegen das persische Heer in Mesopotamien gekämpft und wurde bald darauf (im April 519) zum στρατηγὸς τῆς ἕω (cf. Prok. I 61, 4. Malalas

---

[1]) Johannes war mehr als 10 Jahre praefectus praetorio. Eine grosse Anzahl Novellen ist an ihn gerichtet, die letzte (No. 109) im Mai 541. In diesem Jahre wurde Johannes endlich abgesetzt. Dem Umstand, dass Johannes kein Latein verstand, dürfte es zum Teil zu verdanken sein, dass die Novellen des Justinian nicht wie die Erlasse früherer Kaiser in lateinischer, sondern in griechischer Sprache herausgegeben wurden.

445, 14. Theoph. I 178, 18) befördert. Es ist deshalb ganz undenkbar, dass Belisar in demselben Jahre 528 nach Lazien geschickt wurde, dort unglücklich kämpfte und von dem erzürnten
Justinian abgesetzt worden ist.[1])

Wie Brückner manchmal beweist, dass Prokop parteiisch gewesen ist, zeigt am besten die Stelle p. 57 seiner Abhandlung,
wo wir folgendes lesen: „Im Frühjahr 528, so berichtet Malalas
p. 441, fielen die Perser in Mesopotamien ein, die Römer unter
Belisar rücken ihnen entgegen . . . die Römer werden geschlagen,
zwei Anführer fallen, drei werden gefangen und einer sucht sein
Heil in der Flucht — das war Belisar." Damit wird dann die Darstellung Prokops verglichen und dessen Parteilichkeit für bewiesen
betrachtet. Wenn man nun den Text bei Malalas liest: ἐξῆλθον . . .
Κουτζὶς ὁ Βιταλιανοῦ, ἀνὴρ μαχιμώτατος, καὶ Σεβαστιανὸς . . . καὶ Προ-
κλημιανὸς ὁ δοὺξ Φοινίκης καὶ Βασίλειος ὁ κόμης. ἦν δὲ καὶ Βελισάριος μετ'
αὐτῶν καὶ Ταφαρὰς ὁ φύλαρχος, so begreift man nicht recht, wie jemand
sagen kann, nach Malalas seien die Römer unter Belisar heran-
gerückt, da doch auch nach Malalas ebenso wie nach Prokop
Belisar hier eine untergeordnete Rolle spielte. Unter dem Befehle
Belisars ist kaum eine bedeutende Anzahl Soldaten gestanden,
er konnte deshalb auch nicht in erster Linie für den Misserfolg
verantwortlich gemacht werden.

Die Schlacht bei Kallinikon am Euphrat (am 19. April 531)
war die unglücklichste, die Belisar geliefert hat. Sein Heer betrug
20000 Mann, teils zu Pferd, teils zu Fuss, darunter waren aber
5000 unzuverlässige Sarazenen und 2000 Bauern aus Isaurien,
die nicht die geringste Übung in den Waffen hatten. Belisar
gegenüber standen nach Malalas 441, 15 nicht weniger als 30000
Feinde, darunter Azarethas mit 15000 auserwählten persischen
Reitern und Alamundaros, mit einer sehr grossen Menge Sarazenen.
cf. Prok. I 81, 19. Malalas 461, 13. Nach Bar-Hebraeus befanden
sich auch Nazarener und Juden im persischen Heere. Die Truppen
der Gegner waren also denen des Belisar an Zahl und Brauch-
barkeit weit überlegen. Belisar wollte sich deshalb in keine Schlacht

---

[1]) Wenn ich gezeigt habe, dass die Lesart Βελισάριον bei Theophanes
unrichtig ist, so möchte ich damit nicht sagen, dass der Name des 3. Feldherrn
Γελίμερ; gelautet habe.

einlassen, er hoffle durch geschickle Manöver die Feinde aus dem
Lande hinauszubringen, was zweifellos das Klügste gewesen wäre.
Seine Unterfeldherrn und Soldaten machlen ihm deshalb Vorwürfe.
Nur Prokop tadelt ihn nicht, was nach Kirchner und Brückner
wieder ein Zeichen von Parteilichkeil ist. Schliesslich wurde Belisar
von seinen Leulen zur Schlacht genötigt. In dieser laufen zuerst
die Sarazenen, welche auf Seite der Römer stehen, davon. Prokop
fügt I 95, 6 hinzu : οἱ δὲ οὕτω τὴν φάλαγγα διαλύσαντες δίχα ἐγένοντο,
ὥστε καὶ δόξαν ἀπήνεγκαν ὅτι δὴ Πέρσαις τὰ Ῥωμαίων πράγματα προὔδοσαν.
Nach Brückner sucht Prokop nur aus Rücksicht auf Belisar die
Schuld auf die Sarazenen zu schieben, er hat aber dabei über-
sehen, dass Malalas, dem er sonst völlig Glauben schenkt, (p. 464, 3)
Ähnliches berichtet: οἱ δὲ Φρύγες . . . εἰς φυγὴν ἐτράπησαν, σὺν αὐτοῖς
δὲ καὶ οἱ Σαρακηνοὶ Ῥωμαίων . . . ὑπέλαβον δέ τινες ὅτι κατὰ προδοσίαν
τῶν φυλάρχων αὐτῶν δέδωκαν νῶτα φανεροὶ τῶν Σαρακηνῶν. Allmählich
floh [1]) der grösste Teil des römischen Heeres, nur eine Schar
Reiter sprang von den Pferden ab und kämpfte bis gegen Abend
zu Fuss. An der Spitze derselben stand nach Prokop I 96, 13
Belisar, nach Malalas 464, 14 Sunikas und Simas. Nach Prokop
deckt sich Belisar den Rücken durch den Euphrat und setzt nach
Einbruch der Dunkelheit nach Kallinikon über, nach Malalas vollbringen Sunikas und Simas unglaubliche Heldenthaten, sie allein
drängen das ganze persische Heer noch 2 Meilen zurück. Kirchner
führt (p. 15) die Gründe an, warum Prokop mehr zu glauben sei,
als Malalas. Er nimmt mit Recht an, Malalas sei dem von ihm
ausdrücklich erwähnten Bericht des Hermogenes an Justinian gefolgt. Dieser Bericht muss demnach parteiisch gewesen sein.
Dass Hermogenes an den Kaiser einen für Belisar ungünstigen,
für Sunikas und Simas höchst rühmlichen Bericht sandte, ist leicht
erklärlich. Sunikas und Simas waren Hunnen. cf. Prok. I 62, 18.
I 63, 8. I 359, 20. Hermogenes war ebenfalls ein Hunne. cf.
Theophanes I 178, 20. I 102, 17. Vielleicht waren Sunikas und
Simas auf Veranlassung ihres Landsmannes Hermogenes, der
Magister officiorum war, in römische Dienste getreten, was diesen

---

[1]) Nach Bar-Hebraeus blies ein kalter Wind den Römern ins Gesicht.
Sie standen mit dem linken Flügel an den Euphrat gelehnt mit der Front
nach Osten.

um so mehr veranlasste, seine Landsleute in seinem Berichte grosse Heldenthaten vollbringen zu lassen. Der Spezialkommissär, der (nach Malalas 465, 13) abgesandt wurde, um die ganze Sache an Ort und Stelle zu untersuchen, hat (nach Malalas 466, 13) bei Hermogenes und den Unterfeldherrn des Belisar Erkundigungen eingezogen. Sein Bericht musste deshalb ebenfalls parteiisch werden, da sämtliche Unterfeldherrn die Schlacht verlangt hatten, und jetzt, als sie besiegt worden waren, selbstverständlich die Schuld auf Belisar schoben. Wenn Justinian den Belisar zurückrief, so kann dies kein Beweis dafür sein, dass er von dessen Schuld überzeugt war. Der Umstand, dass alle Unterfeldherrn auf Belisar erzürnt waren, hat seine Abberufung und Verwendung an einem anderen Platze notwendig gemacht. Belisar kam durchaus nicht wie ein Geächteter nach Byzanz, sondern umgeben von einem grossen Gefolge (Prok. I 126, 21 τήν τε ἄλλην θεραπείαν δυνατήν τε καὶ λόγου ἀξίαν ἐπήγετο καὶ δορυφόρων τε εἶχε καὶ ὑπασπιστῶν πλῆθος), mit welchem er den Nikaaufstand niederschlug, was doch zeigen dürfte, dass er bei seiner Abberufung Hoffnung hatte, bald wieder im Kriege verwendet zu werden. Ich weise übrigens auch hier darauf hin, dass Prokop von dem offiziellen Hofbericht, den Malalas bringt, völlig abweicht und dass er nicht einmal versteckt dagegen polemisiert. Dies dürfte beweisen, dass er denselben überhaupt nicht gekannt hat, was wohl undenkbar wäre, wenn er in Konstantinopel seine Historien geschrieben hätte oder gar zur Zeit der Abfassung derselben schon mit dem Kaiser Justinian bekannt gewesen wäre.

In der oben angeführten Schrift Aulers findet sich ebenfalls viel Anfechtbares. Ich möchte nur einige Stellen besprechen.

Die Edessener erzählten die Legende, der kranke König Abgar habe sich an Christus gewendet mit der Bitte, ihn zu heilen. Christus schrieb einen Brief zurück; in diesem war unter anderm versprochen worden, dass Edessa nie von einem Feinde eingenommen werden könne. Schon als Kabades im J. 503 die Stadt vergeblich belagerte, glaubten die Edessener an eine wunderbare Rettung. cf. Josua Stylites cap. 61. nous vîmes se réaliser les paroles et les promesses du Christ au roi Abgare . . . cap. 62. Aréobinde fit dire à Quavad: vous avez vu, par expérience, que la ville n'est, ni à vous, ni à . . . Anastase, mais au Christ qui l'a bénie. C'est lui qui arrête vos troupes et qui les empêche d'entrer. Vergl. auch cap. 37. Als später Chosroes in das römische Gebiet einbrach, rühmten sich natürlich die Edessener wiederum des Schutzes Christi. Prokop spricht davon I 205, 19 τότε δὴ φιλοτιμία τις Χοσρόην εἰσῆλθε πόλιν Ἔδεσσαν ἐξελεῖν· ἐνῆγε γάρ αὐτὸν ἐς τοῦτο Χριστιανῶν λόγος καὶ ἔδακνεν αὐτοῦ τὴν διάνοιαν, ὅτι δὴ ἀνάλωτον αὐτὴν ἰσχυρίζοντο εἶναι . . Auch dieses Mal wurde Edessa nicht erobert, was die Edessener veranlasste, noch mehr mit der Segnung ihrer Stadt durch Christus zu prahlen. Dies musste Chosroes und vor allem seine Magier ärgern. Letztere haben zweifellos den König aufgefordert, Edessa zu erobern und zu zeigen, dass das Versprechen Christi den Edessenern nichts helfe, dass also der Christengott nicht so mächtig sei, wie die Christen meinten. Es ist demnach durchaus glaubhaft, was Prokop I 267, 17 erzählt: αὕτη δὲ ἡ ἐσβολὴ τῷ Χοσρόῃ τούτῳ . . . πεποίη-ται . . . ἐπὶ τὸν θεὸν, ὅνπερ Χριστιανοὶ σέβονται μόνον. ἐπειδὴ γὰρ ἐν τῇ πρώτῃ ἐφόδῳ Ἐδέσσης ἀποτυχὼν ἀνεχώρησε. πολλή τις ἐγεγόνει αὐτῷ τε καὶ μάγοις, ἅτε πρὸς τοῦ τῶν Χριστιανῶν θεοῦ ἡσσημένοις, κατήφεια· ἦν δὴ παρηγορῶν ὁ Χοσρόης ἐν τοῖς βασιλείοις Ἐδεσσηνοὺς μὲν ἀνδραπο-διεῖν ἠπείλησεν ἅπαντας ἐς τὰ Περσῶν ἤθη, τὴν δὲ πόλιν μηλόβοτον κατα-στήσεσθαι. Auler (p. 15) ist nun der Ansicht, die Darstellung Prokops sei unrichtig, weil Chosroes die christlichen Kirchen nicht zerstört und später den Christen freie Religionsübung in seinem Reiche gestattet habe. Diese Gründe beweisen aber gegen Prokop gar nichts, da er ja durchaus nicht sagt, Chosroes habe das Christentum vernichten wollen; es handelte sich vielmehr lediglich um die Eroberung und Vernichtung Edessas, wodurch Chosroes zeigen wollte, dass Christus sein den Edessenern gegebenes Ver-sprechen nicht halten könne und nicht unbesiegbar sei.

An einer andern Stelle will Auler nachweisen, dass Prokop sich Geschichtsfälschung zu schulden kommen liess. Prokop er-zählt nämlich folgendes: Belisar fiel in Persien ein, umging Nisi-bis, eine mächtige Festung (I 229, 16 ἡ πρώτη τε τυγχάνει οὖσα καὶ πάσης τῆς ἐκείνου γῆς προβεβλημένη), in welcher der tapferste Feld-herr des Chosroes kommandierte (I 229, 20) und eroberte dann nach längerer Belagerung Sisauranon. Während er dieses Kastell belagerte (I 236, 12 ἐν ταύτῃ δὴ τῇ προσεδρείᾳ), nicht erst nach der Eroberung desselben, wie Auler zu glauben scheint, waren viele Soldaten krank geworden. Von Arethas, den Belisar mit den Sarazenen und einer Abteilung römischer Soldaten weiter nach Persien hineingeschickt hatte, bekam man nicht die geringste Nachricht, so dass man glauben konnte, alle seien umgekommen. Da liess Belisar die Kranken auf Kamele setzen und zog aus Persien zurück. Dazu bemerkt nun Auler p. 18: „Quae si consideraveris, quin talem belligerandi rationem a Belisarii consuetudine et moribus plane alienam esse fateamur, facere non poterimus." Ich meine nun, dass es überhaupt gegen alle Regeln der damaligen Kriegskunst ging, eine so mächtige Festung wie Nisibis im Rücken liegen zu lassen und weiter ins Feindesland sich hinein zu wagen. Dazu kommt, dass Belisar durchaus kein sogenannter Draufgänger war; er ist vielmehr zu den vorsichtigsten Feldherrn zu rechnen, die es je gegeben hat. Wie behutsam ist er bei der Landung in Afrika zu Werk gegangen! Kaum waren die Truppen ans Land gebracht, so schlug man ein möglichst festes Lager. Dann rückte das Heer täglich nur 80 Stadien vor: ἢ κατὰ πόλιν, ἂν οὕτω τύχοι, ἢ ἐν στρατοπέδῳ ἐκ τῶν παρόντων ὡς ἀσφαλέστατα αὐλιζόμενοι. (I 382, 17). Zuletzt schlug Belisar wieder ein Lager (387. 8), liess hier das Fussvolk zurück und zog selbst einstweilen mit der Reiterei voraus: οὐ γάρ οἱ ἐφαίνετο ἐν τῷ παρόντι ξύμφορον εἶναι τῷ παντὶ διακινδυνεῦσαι στρατῷ, ἀλλὰ ξὺν τοῖς ἱππεῦσι πρῶτον ἀκροβολισαμένῳ καὶ ἀποπειρασαμένῳ τῆς τῶν πολεμίων δυνάμεως οὕτω δὴ τῷ ὅλῳ στρατεύματι διαμάχεσθαι. Belisar hatte natürlich die Absicht, sich nötigenfalls in das starke Lager zurückzuziehen. cf. I 388, 7 τὸ μὲν οὖν χαράκωμα, ὅθεν ἡμᾶς τὸν πόλεμον διαφέρειν δεήσει, ὡς ἄριστα ἡμῖν πεποιῆσθαι ξυμβαίνει . . . καὶ ἀναστρέψαντας ἂν ἐνθένδε ἡμᾶς τῶν ἐπιτηδείων οὐδὲν ἐπιλίποι. Gegen die Goten muss Belisar mit der gleichen Vorsicht und ebenso langsam vorgegangen sein. Er setzte im Frühjahr 536 von Sicilien nach dem Festlande über und kam erst im Dezember nach Rom, obwohl die Belagerung Neapels nur 21 Tage dauerte und von der Belagerung einer anderen Stadt nicht die Rede ist. In der Schlacht bei Kallinikon hatte Belisar den Euphrat als Deckung im Rücken benützt, auf dem Euphrat hatte er Kähne herbeischaffen lassen, damit das Heer sich über den Euphrat zurückziehen könne. Als Belisar später Rom von Porto aus mit Lebensmitteln versehen wollte, da trug er dem Führer Isaak die Bewachung von Porto auf, indem er (II 356, 1) ihm befahl: μηδεμιᾷ ἐνθένδε μηχανῇ ἀπαλλάσσεσθαι. μηδ' ἢν Βελισάριον πύθηται πρὸς τῶν πολεμίων ἀπολωλέναι, ἀλλὰ τῆς φυλακῆς ἐς ἀεὶ ἔχεσθαι, ὅπως, ἢν τι σφίσιν ἐναντίωμα ὑπαντιάσῃ, ἕξουσιν ὅπη, διαφυγόντες σωθήσονται. ὀχύρωμα γὰρ ἄλλο ταύτης δὴ τῆς χώρας οὐδαμῇ εἶχον, ἀλλὰ πάντα σφίσι πανταχόθεν πολέμια ἦν. Belisar hat also bei dem Beginn einer Schlacht immer darauf gesehen, dass er, wenn die Sache ungünstig ausfallen sollte, in irgend einen sicheren Platz sich zurückziehen könne und er hat völlig nach seinem gewöhnlichen Prinzip gehandelt, wenn er nach der Eroberung von Sisauranon unter den Verhältnissen, wie ich sie oben dargelegt habe, nicht weiter in Persien eindrang, sondern vorsichtig sich zurückzog. Was Prokop in der Geheimgeschichte noch als Motiv zu dem Rückzug angibt, scheint nicht mehr als ein Gerede zu sein, von welchem der Geschichtschreiber auch gehört hatte. Er selbst hatte Belisar auf diesem Feldzug nicht begleitet, konnte also von den höchst intimen Familienangelegenheiten desselben kaum mehr wissen, als was von seinen Feinden erzählt wurde.

Ich will nur noch eine Stelle besprechen, die mir recht bezeichnend zu sein scheint. Prokop erzählt I 155 folgendes: Chosroes behauptete, Justinian habe den Frieden gebrochen, weil er versucht habe, den Alamundaros auf seine Seite zu ziehen, er präsentierte ein Schreiben, das Justinian zur Zeit des Waffenstillstandes an Alamundaros gesandt habe, ferner klagte er, dass Justinian die Hunnen durch ein Schreiben, das ihm diese eingehändigt hätten, aufgefordert habe, in Persien einzufallen. Über den ganzen Vorgang spricht sich Prokop sehr erbittert aus. Auer führt nun p. 33 eine Stelle aus Menander Protektor (cf. Müller, frgm. IV 216) an, wodurch er zeigt, dass Justinian öfter Geschenke an Alamundaros geschickt und solche von ihm erhalten habe. Dies könne doch Chosroes nicht zum Kriege veranlasst haben. Wenn Auer in dem angeführten Fragment des Menander etwas weiter gelesen hätte, so hätte er folgendes gefunden: νῦν δὲ . . . δεσπότης . . . ἐμὸς (i. e. Ἰουστινιανὸς) ἔθετο ἐν νῷ ἐμφρονέστατα οἶμαι. ὦ βασιλεῦ, ἔφη τε, ὡς εἰ βεβαίως ἔχει τὰ πολιτεύματα τὴν εἰρήνην, τί δήποτε ἄρα λυσιτελήσει μοι τοῦ λοιποῦ ὑπηκόοις τε καὶ δούλοις προσφθέγγεσθαι Περσῶν, ὡς ἂν καταπρόοιντο τῶν κεκτημένων τὰ πράγματα, ἤγουν κομίζειν τι αὐτοῖς ἢ κομίζεσθαι παρὰ σφῶν. Hier ist deutlich ge-

sagt, was die Geschenke zu bedeuten hatten und dass die ganze
Sache nicht so gar harmlos war. Die Beschuldigung, Justinian
habe durch ein Schreiben die Hunnen veranlassen wollen, in das
persische Gebiet einzufallen, sucht Auler zu widerlegen, indem er
sagt: „Es wäre sehr dumm gewesen, wenn Justinian dies gethan
hätte. Justinian war aber nicht dumm, Prokop allein behauptet
dies, aber mit Unrecht (stultum autem imperatorem fuisse solus
Procopius mentitur). Also kann auch die Darstellung Prokops
nicht richtig sein." Zu dieser Beweisführung Aulers ist zu bemerken, dass Prokop nirgends, auch nicht in der Geheimgeschichte
(III 53, 14 meint er Justin) behauptet, Justinian sei dumm gewesen.
Wenn aber auch kein einziger Geschichtschreiber ausdrücklich
überliefert, dass Justinian dumm gewesen sei, so kann dies doch
nicht beweisen, dass Justinian nicht fähig gewesen sei, in der
auswärtigen Politik einmal einen höchst undiplomatischen Streich
zu liefern.

Wir haben gesehen, dass in den besprochenen Stellen Prokop den Verwurf der Parteilichkeit nicht verdient; ich möchte
sogar behaupten, dass es kaum in einem einzigen Falle sich beweisen lässt, dass Prokop in den Historien sich parteiisch zeige.
Dass er aus Furcht vor der Kaiserin manche Dinge nicht berührte,
dürfte kaum zu bezweifeln sein. Niemand kann ihm aber dies
übel nehmen, zumal da er nur eine Kriegsgeschichte, nicht eine
Hofgeschichte zu schreiben versprochen hatte.

Wenn man nun fragt, wie es komme, dass heutzutage die
Gelehrten vielfach gegen Prokop eingenommen sind, so muss man
wohl zugeben, dass er selbst daran schuld ist, allerdings nicht
als Verfasser der Historien, sondern als Verfasser seiner beiden
kleineren Schriften. Da er in der einen Justinian heftig angreift,
in der anderen den nämlichen Kaiser mit Lobsprüchen erhebt, so zieht
man den Schluss: Wenn ein und derselbe Mann fähig war, diese
beiden Schriften zu schreiben, so kann man von diesem nicht annehmen, dass er in seinen früheren Werken eine objektive Darstellung gegeben hat. Dass ein solcher Schluss nicht berechtigt ist,
glaube ich gezeigt zu haben und ich möchte nun noch darlegen, dass
Prokop auch als Verfasser der Geheimgeschichte und der Bauwerke
nicht so hart beurteilt werden darf, wie dies bisher geschehen ist.

IV.

Vor 6 Jahren habe ich in einem Programm des K. Real-
gymnasiums Augsburg nachgewiesen, dass Prokop die Geheimgeschichte schon im J. 550 verfasst habe. Ich habe dann in den
Sitzungsberichten der K. b. Akademie d. Wiss, Jahrg. 1895, H. I
p. 112 über diese Frage nochmals gesprochen und will hier einen
kleinen Nachtrag bringen. Prokop sagt nämlich in der Geheimgeschichte III 109, 8 ἐξ οὗ δὲ καὶ εἰς γῆν τὴν Κολχίδα (οἱ Πέρσαι)
εἰσήλασαν, αὐτοῖς τε καὶ Λαζοῖς καὶ Ῥωμαίοις διαφθείρεσθαι μέχρι
δεῦρο ξυμβαίνει. Diese Worte kann er nicht im J. 559 geschrieben
haben, wie man früher annahm, da nach Agathias p. 274 im
J. 556 in Lazien zwischen Römern und Persern ein Waffenstill-
stand geschlossen worden war, in welchem man festgesetzt hatte:
ἡσυχίαν δὲ ἄγειν ἐφ' ἑαυτῶν καὶ ἥκιστα κατ' ἀλλήλων παρατάττεσθαι. Es
dürfte somit kein Zweifel mehr bestehen, dass die Geheimgeschichte
im J. 550 geschrieben ist; zu dieser Zeit wurde von den Römern
und Persern in Lazien ein blutiger Krieg geführt. Früher nahm
man an, dass Prokop die Schmähschrift und die Lobrede in ein
und demselben Jahre geschrieben habe; man machte ihm deshalb
um so heftigere Vorwürfe. Da nun gezeigt ist, dass die Lobrede
9 Jahre später abgefasst wurde als die Schmähschrift, so erscheint
die Sache schon deshalb in anderem Lichte, da ja im Verlaufe
von 9 Jahren leicht Verhältnisse eintreten konnten, die Prokop
veranlassten, seine Gesinnung zu ändern.

Es ist schon oft darauf hingewiesen worden, dass auch aus
mancher Stelle der Historien sich grosse Erbitterung Prokops
gegen Justinian und Belisar erkennen lässt. Ferner ist den Gelehrten nicht entgangen, dass Prokop im ersten Teil der Historien
nur wenig zu tadeln hat und dass im 3. Buch des Gotenkriegs
die Erbitterung des Verfassers immer mehr sich steigert. Ich
habe nun schon früher nachgewiesen, dass Prokop den Hauptteil
seiner Historien im J. 545/6 vollendet hat. Was seit dieser Zeit
geschehen ist, hat er dann wohl Jahr für Jahr hinzugefügt, und
im J. 550 das Ganze veröffentlicht. Auch das sogenannte 4. Buch
des Gotenkriegs scheint er geschrieben zu haben, sobald ihm
Nachrichten zugegangen waren. Da Prokop seine Historien zu

verschiedenen Zeiten verfasst hat, so können wir aus diesen genau beurteilen, in welcher Stimmung er jedesmal sich befand. In den Jahren 543 bis 546, in denen er den ersten Teil seiner Historien vollendete, war er für seine Zeit hochbegeistert. Waren es ja doch glänzende Thaten, die er darstellen durfte. Die drückende Tyrannenherrschaft in Afrika, über welche die Lehrer des Prokop so bitter klagten, und das Reich des grossen Theoderich waren niedergeworfen, die Nachfolger des gefürchteten Geiserich und des Theoderich waren gefangen und vor den Kaiser gebracht worden. Sanguinische Menschen konnten hoffen, dass die Herrlichkeit des alten römischen Reiches wieder aufgerichtet würde. Wie begeistert unser Prokop war, zeigt seine Einleitung I 11, 3 Κρείσσον δὲ οὐδὲν ἢ ἰσχυρότερον τῶν ἐν τοῖσδε τοῖς πολέμοις τετυχηκότων τῷ γε ὡς ἀληθῶς τεκμηριοῦσθαι βουλομένῳ φανήσεται· πέπρακται γὰρ ἐν τούτοις μάλιστα πάντων ὧν ἀκοῇ ἴσμεν θαυμαστὰ οἷα. Prokop vergleicht dann die homerische Zeit mit der seinigen, wobei er der letzteren den Vorzug gibt. Er fährt dann 12, 20 weiter: εἰσὶ δὲ οἱ τούτων ἥκιστα ἐνθυμούμενοι σέβονται μὲν καὶ τεθήπασι τὸν παλαιὸν χρόνον, οὐδὲν δὲ ταῖς ἐπιτεχνήσεσι διδόασι πλέον. ἀλλὰ τούτων οὐδὲν κωλύσει μὴ οὐχὶ μέγιστά τε καὶ ἀξιολογώτατα ἐν τοῖσδε τοῖς πολέμοις ξυμβῆναι. Mit so stolzen Worten konnte Prokop sein Geschichtswerk beginnen. Und wie bald sollte alles anders werden! Noch während er an der Vollendung seiner Historien arbeitete, wählten die Goten einen andern König; [1]) dieser eroberte einen festen Platz nach dem andern und belagerte Rom. Die römischen Feldherrn, die in Italien zurückgelassen waren, taugten gar nichts. Ihre Liederlichkeit ermöglichte, dass die früheren Erfolge wieder verloren gingen. Da beginnt der Unwille Prokops. Dieser richtet sich zunächst nur gegen die Feldherrn, die gegen Totila kämpfen sollten. Jetzt wird ein Vergleich gezogen zwischen Belisar und den übrigen Feldherrn. Auf 3 Seiten (II 280 ff.) der Bonner Ausgabe wird das Lob Belisars gesungen, er wird über alles erhoben. Wer diese 3 Seiten liest, wird zugestehen, dass der Verfasser dieser

---

[1]) Anfangs scheint man in Konstantinopel den Erfolgen Totilas nicht viel Bedeutung beigemessen zu haben.

Stelle im J. 545/6 nicht im Sinne haben konnte, gegen Belisar eine Schmähschrift zu schreiben. Von den andern römischen Feldherrn sagt Prokop II 283, 13 Οἱ δὲ ἄλλοι ἄρχοντες, ἴσα μάλλον αὐτοὶ πρὸς ἀλλήλους ὄντες καὶ οὐδὲν ὅτι μὴ κέρδη οἰκεῖα ἐν νῷ ἔχοντες διαπράττεσθαι, τούς τε Ῥωμαίους λῄζεσθαί τε καὶ τοῖς στρατιώταις ἐνδιδόναι τοὺς κατηκόους ἀδικεῖν ἤδη ἤρξαντο, καὶ οὐδὲ αὐτοὶ ἐφρόνουν τὰ δέοντα . . . ἀλλ᾽ δὴ πολλά τε αὐτοῖς ἡμαρτήθη, καὶ τὰ πράγματα διεφθάρη, Ῥωμαίοις ξύμπαντα ἐν χρόνῳ ὀλίγῳ. Diesen Feldherrn gegenüber ist also Prokop schon im J. 545/6, genau in derselben Zeit, in der er Belisar so sehr rühmte, in der Stimmung des Verfassers der Geheimgeschichte. Belisar war zum zweiten Mal gegen die Goten geschickt worden, auf ihn setzte Prokop noch seine Hoffnung, aber auch er richtete nichts aus. Die alte Kraft scheint ihn verlassen zu haben; er war vorher in Ungnade gewesen; seine Doryphoren und Hypaspiden, die er sich herangezogen hatte, und die seine ganze Stärke ausmachten, waren ihm weggenommen worden. cf. III 31, 12. II 325, 23. Er hatte nur junge Soldaten II 315, 23. Dazu kam, dass ihm kein Geld geschickt wurde. Die Jllyrier zogen nach Haus, weil sie schon lange Kriegsdienste gethan hatten, ohne Sold zu bekommen. II 321, 2. Totila machte weitere Fortschritte. In dem belagerten Rom entsteht eine grosse Hungersnot. Belisar versucht, der bedrängten Stadt Hilfe zu bringen. Der Versuch misslingt. Aber trotzdem wird Belisar noch nicht getadelt. Die Tyche und ein böser Dämon sind an dem Unglück schuld. Rom wird von den Goten erobert, in Konstantinopel hüllt sich deswegen der Kaiser und der ganze Senat in Trauerkleider. cf. Bar-Hebraeus p. 84. Totila zerstört einen Teil der Gebäude und der Mauern Roms. Die „ewige" Stadt ist 40 Tage menschenleer. cf. Marcellinus Comes p. 331. Belisar besetzt und befestigt rasch die Stadt II 377, 5, die Angriffe Totilas schlägt er zurück. Bei Darstellung dieser That (ἀρετῆς ἔργον ὑψηλόν τε καὶ δαιμονίως ὑπέρογκον) wird Belisar zum letzten Mal gerühmt. Im folgenden Jahre 547/8 flieht Belisar vor Totila mit günstigem Winde an einem einzigen Tage von Kroton nach Messene, „das von Kroton 600 Stadien entfernt ist," fügt Prokop spöttisch hinzu. cf. II 397,‾15. Da verzweifelt Prokop allmählich auch an Belisar. Sein Unwille wendet sich jetzt gegen diesen und gegen Justinian, der nicht die nötigen Mittel zur Bekämpfung der Goten schickt.

Antonina geht nach Konstantinopel, um bei Theodora die Nachsendung von Truppen zu erwirken. Die Kaiserin war aber gestorben. Da bittet Antonina den Kaiser um Zurückberufung des Belisar. Dieser kehrt im J. 548/9 zurück, ohne das Geringste ausgerichtet zu haben. Die Erzählung von der Rückkehr des Belisar begleitet Prokop mit bitteren Worten (cf. II 427, 6 Βελισάριος μὲν τὴν ἐπὶ τὸ Βυζάντιον οὐδενὶ κόσμῳ ᾔει, τῆς μὲν τῆς Ἰταλῶν πανταπὲς οὐδαμῇ ἀποβὰς — οὐδὲ γάρ πῃ ὁδῷ ἱέναι ἐνταῦθα ἴσχυσεν —, ἀλλὰ φυγῇ κεκρυμμένῃ ἐχόμενος πάντα τοῦτον τὸν χρόνον, ἔκ τε ὀχυρώματος ἀεὶ ἐπιθαλασσίου τινὸς ἐς ἄλλο ἐπὶ τῆς παραλίας ὀχύρωμα διηνεκῶς ναυτιλλόμενος.), die völlig in die Geheimgeschichte passen und thatsächlich in dieser Schrift III 36, 12 sich wiederfinden. Eine grosse Anzahl Römer hatte sich nach Konstantinopel geflüchtet und bat um Hilfe. Der Kaiser versprach für Italien zu sorgen, liess sich aber davon abhalten, da er viel mehr sich für die Festsetzung christlicher Glaubenssätze interessierte. cf. II 429, 4. Er wollte Liberius mit einem Heere nach Italien schicken, unterliess es aber wieder. cf. II 433, 3. Da verzweifelte Prokop ganz und gar daran, dass der Krieg in Italien noch glücklich vollendet würde. cf. II 432, 18 βασιλεὺς δὲ Ἰουστινιανὸς ἐπειδὴ Βελισάριον ἐς Βυζάντιον ἥκοντα εἶδεν, ἄρχοντα πέμπειν ξὺν στρατῷ ἄλλον ἐπὶ Γότθους τε διενοεῖτο καὶ Τωτίλαν. καὶ εἰ μὲν ἐπιτελῆ, ταύτην δὴ ἐπεποιήκει τὴν ἔννοιαν. οἶμαι ἂν, Ῥώμης μὲν ἔτι ὑπ' αὐτῷ οὔσης, σεσωσμένων δέ οἱ τῶν ἐνταῦθα στρατιωτῶν καὶ τοῖς ἐκ Βυζαντίου ἐπιβεβοηθηκόσιν ἀναμίγνυσθαι δυναμένων, περιέσεσθαι [1]) τῶν ἐναντίων αὐτὸν τῷ πολέμῳ. Germanus wurde mit einem Heere nach Italien geschickt, aber er starb unterwegs. Indem Prokop ihn als Muster eines braven Mannes hinstellte, versäumte er nicht, seinem Groll gegen andere Beamte Luft zu machen. cf. II 451, 8. Die Goten eroberten ganz Italien und plünderten Sicilien. Totila baute eine Flotte von 400 Schiffen, mit der er im J. 550/1 Streifzüge nach den jonischen Inseln und an die Küste von Epirus unternahm. Auch Sardinien und Korsika wurde von den Goten in Besitz genommen. cf. II 590. Da nehmen im Frühjahr 552 die Ereignisse eine ganz andere Wendung. Narses erscheint in Italien. Justinian hatte ein sehr ansehnliches Heer ausgerüstet. cf. II 597, 13. 598, 3 λίαν γὰρ τὰ πρότερα πόλεμον τόνδε ἀπημελημένως διαφέρων Ἰουστινιανὸς βασιλεὺς ἀξιολογωτάτην αὐτοῦ πεποίηται τὴν παρα-

---

[1]) Man beachte, dass Prokop sagt: περιέσεσθαι, nicht περιγενέσθαι.

σχυὴν ἐν ὑστάτῳ. Die Goten werden geschlagen, die letzten Reste derselben zersprengt. Jetzt schreibt Prokop wieder in anderem Tone; er rühmt (II 599, 14) die unendliche Freigebigkeit und (II 627, 16) die Frömmigkeit des Narses.

Wir haben nun aus den Historien gesehen, wie seit dem J. 545/46 Totila Jahr für Jahr grössere Fortschritte machte, bis er im Jahre 550 auf dem Gipfel seiner Macht stand und wie dem entsprechend die Erbitterung unseres Geschichtschreibers im J. 545/46 zuerst gegen die in Italien zurückgelassenen römischen Feldherrn und später gegen Belisar und Justinian entstand und von Jahr zu Jahr wuchs, bis sie im J. 550 ihren Höhepunkt erreicht hatte. Nur in diesem Jahre war Prokop fähig, seine Geheimgeschichte zu schreiben. Die Indignation darüber, dass die früheren Erfolge völlig verloren gegangen sind, haben ihn dazu veranlasst, cf. II 416, 14. Mit stolzen Worten hatte er sein Geschichtswerk begonnen und bis er dieses vollendet hatte, waren die Verhältnisse so schlecht geworden, dass er im J. 545/46 mit der Belagerung Roms hätte schliessen müssen, wenn er sein Werk hätte veröffentlichen wollen. Er wartete, bis Belisar neue Siege erringen würde. Diese blieben aber aus, es ging sogar in Italien trotz der Anwesenheit Belisars immer mehr abwärts. Jetzt verzweifelte Prokop völlig, jetzt hielt er seine Historien nicht mehr zurück. Aber er gab nun ein Werk hinaus, dessen Schluss die Einleitung völlig Lügen strafte. In der Einleitung hatte er versprochen, die hervorragenden Thaten seiner Zeit zu erzählen, am Schluss musste er berichten, dass alles nur leerer Schein gewesen und wie ein Kartenhaus wieder zusammengefallen war. Da glaubte er der Nachwelt in einer besonderen Schrift berichten zu müssen, was an dem Niedergang schuld gewesen sei. Nicht die Verderbnis der damaligen Zeit machte der Bewohner einer Provinzialstadt, in der, wie es scheint, noch gute Sitten herrschten, für die Misserfolge verantwortlich, sondern einzelne Personen, vor allem die Kaiserin Theodora, und Antonina, die Gemahlin Belisars. Die Intriguen dieser beiden Frauen hatten die unwürdige Behandlung des Belisar veranlasst. Dann richtete sich sein Hass gegen Belisar, der nach seiner Ansicht, wenn nicht mit dem Kaiser, so gegen den Kaiser etwas Grosses hätte ausrichten sollen und gegen Justinian, der höchst bedenkliche Subjekte in die unterworfenen Länder schickte und als er so den Abfall derselben verursacht hatte, nicht die nötige Sorge für die wiederholte Unterwerfung trug. Allen Klatsch, den er je vernommen und von dem er früher, weil er von ihm als solcher erkannt worden war, keine Notiz genommen hatte, schrieb der erzürnte Rhetor in der Geheimgeschichte nieder. Manches Wahre ist zweifellos darin enthalten, besonders in dem Abschnitt, der über die Staatsverwaltung Justinians handelt. Aber hier geschieht dem Kaiser insofern Unrecht, als so mancher der gerügten Missstände nicht erst unter Justinian eingetreten ist, sondern unter früheren Kaisern schon ebenso vorhanden gewesen war.

Es ist nicht daran zu denken, dass Prokop die Geheimgeschichte im J. 550 veröffentlicht hat, dagegen ist kaum zu bezweifeln, dass er sie einzelnen Freunden und Gesinnungsgenossen gegeben hat. Dies durfte er wohl nach dem Tode der Kaiserin wagen, und an Gesinnungsgenossen hat es im Orient unter den Monophysiten kaum gefehlt.

Aus der Darstellung der letzten Periode des Gotenkriegs ersehen wir, dass Prokop im J. 553 mit den Verhältnissen einigermassen wieder versöhnt war. Die Einleitung zum 4. Buch des Gotenkrieges, die Prokop im J. 553 schrieb, scheint sogar zu zeigen, dass er schon zu jener Zeit von der Geheimgeschichte nichts mehr wissen wollte. Sie stimmt nicht bloss den Gedanken nach, sondern zum grossen Teil wörtlich mit der Einleitung der Geheimgeschichte überein, welche Prokop 3 Jahre vor der Abfassung des 4. Buches des Gotenkrieges geschrieben hat. In den früheren Büchern war die Einteilung nach den verschiedenen Kriegsschauplätzen und (in dem Gotenkrieg) nach Kriegsjahren gemacht. Prokop konnte in seinem früheren Werk leicht alles chronologisch aneinander reihen, da er schon sehr bald den Entschluss gefasst hatte, Zeitgeschichte zu schreiben, und deshalb ein genaues Tagebuch führte. Für die Geheimgeschichte aber hatte er sich früher nichts aufgezeichnet, er musste deshalb alles aus dem Gedächtnis niederschreiben, und da diese Schrift einen Zeitraum von 32 Jahren umfasste, so war natürlich an die Einhaltung einer chronologischen Reihenfolge nicht zu denken; eine Einteilung nach den Schauplätzen der einzelnen Handlungen machte die Art des Stoffes unmöglich. Er versuchte deshalb eine ganz andere Disposition. cf. III 12, 11 πρῶτα μὲν ὅσα Βελισαρίῳ μοχθηρὰ εἴργασται ἐρῶν ἔρχομαι· ὕστερον δὲ καὶ ὅσα Ἰουστινιανῷ καὶ Θεοδώρᾳ μοχθηρὰ εἴργασται ἐγὼ δηλώσω. Da also Prokop in der Geheimgeschichte von der früheren Art der Einteilung wirklich völlig abgewichen war, so ist die Einleitung dieser Schrift am richtigen Platze. Wie passt nun dieselbe Einleitung zum 4. Buche des Gotenkrieges? Hier wird gesagt: Das Folgende wird nicht mehr nach Kriegsschauplätzen angeordnet sein, als Grund wird angegeben: γράμμασι γὰρ τοῖς ἐς τὸ πᾶν δεδηλωμένοις οὐκέτι εἶχον τὰ ἐπιγενόμενα ἐναρμόζεσθαι. Ich glaube aber, dass der Umstand, dass Prokop seine früheren Schriften schon veröffentlicht hatte, ihn durchaus nicht hinderte, das, was er noch schreiben wollte, in derselben Weise einzuteilen, wie die frühere Geschichte. Thatsächlich haben wir auch im 4. Buch genau dieselbe Einteilung nach Kriegsschauplätzen und Kriegsjahren wie in den 7 ersten Büchern der Historien. Die Worte, die wir im Anfang des 4. Buches des Gotenkrieges finden, sind also an diesem Platze völlig unpassend. Das Buch scheint ursprünglich mit 461, 10 ἤδη μὲν οὖν angefangen zu haben, 461, 1—10 Ὅσα—ξυγκεῖσθαι scheint erst später, als alles andere schon geschrieben war, vor Veröffentlichung des Buches hinzugefügt worden zu sein. Mit den Worten der Einleitung des 4. Buches: „Alles, was von mir bis jetzt erzählt worden ist, habe ich so dargestellt, wie es möglich war, indem ich die Erzählungen nach Kriegsschauplätzen einteilte und anfügte", erweckte Prokop im Jahre 553 den Schein, als ob er ausser der Kriegsgeschichte nichts geschrieben habe. Wenn er die Geheimgeschichte, die ja hauptsächlich für die Nachwelt geschrieben war, im J. 553 auch noch nicht veröffentlicht hatte, so hatte er ihre Abfassung doch ausdrücklich ins 33ste Jahr seit der Thronbesteigung Justins, also ins J. 550 gesetzt, und da er eine hohe Bildung besass, so hat er sicher gewusst, dass, wenn er in einer nach dem 18. Kriegsjahr, d. h. nach dem J. 552/3 veröffentlichten Schrift behauptete, er habe alle seine früheren Werke nach Kriegsschauplätzen eingeteilt, die Nachwelt annehmen musste, er sei nicht der Verfasser der Geheimgeschichte, da diese ganz anders eingeteilt war. Ich habe oben dargelegt, dass die Geheimgeschichte das Produkt der durch die gänzliche Vernachlässigung Italiens hervorgerufenen und seit 545

stets sich steigernden Wut Prokops ist. Im J. 552 wurde nun
wieder ein grosser Sieg errungen. Wenn Prokop sich jetzt auch
nicht mehr für seine Zeit so begeistern liess, wie gleich nach
der ersten Eroberung Italiens, so war er doch gewiss nicht
mehr in der Stimmung, in der er im J. 550 gewesen war, und
ich glaube, dass er bedauerte, die Geheimgeschichte geschrieben
zu haben und diese nicht vernichten zu können und dass er
deshalb in der Einleitung des 4. Buches des Gotenkrieges absichtlich Worte wählte, die geeignet sind, bei der Nachwelt den
Schein zu erwecken, dass er die Geheimgeschichte nicht verfasst habe.

In den Historien findet sich nicht die geringste Andeutung,
dass Prokop mit Justinian bekannt gewesen sei. Man muss, wie
ich oben gezeigt habe, annehmen, dass er fern von Konstantinopel
seine Geschichte geschrieben hat. Anders steht es mit den Bauwerken. Hier lesen wir an einer Stelle (183, 22), wo es sich um
die Einteilung des Werkes handelt: Ἀρκτέον δὲ ἀπὸ τῶν τῆς
θεοτόκου Μαρίας νεῶν. τοῦτο γὰρ καὶ αὐτῷ βασιλεῖ ἐξεπιστάμεθα βουλομένῳ
εἶναι. Diese Worte lassen darauf schliessen, dass Justinian wusste,
dass Prokop die Bauwerke schrieb und dass er den Verfasser
kannte. Auch, der Umstand, dass Prokop „Ἰλλούστριος" genannt
wird, beweist, dass er mit Justinian bekannt geworden ist. Das
Ehrenprädikat „Ἰλλούστριος" kam ja nur den höchsten Staats-
beamten im byzantinischen Reiche zu. Prokop muss also in den
Jahren 553—59 nach Konstantinopel zu dem Kaiser gekommen
sein. Ich habe oben gezeigt, dass er der Sohn des Stadtpflegers
und späteren Prokonsuls Stephanus in Cäsarea war. Nach Theophanes I 230 und Malalas 487 haben die Samariter einen neuen
Aufstand erhoben, den Prokonsul erschlagen und sein ganzes
Vermögen (τὰ πράγματα αὐτοῦ πάντα) geraubt. Die Frau des Stephanus
reiste nach Konstantinopel und ging zum Kaiser. Dieser war
über den Vorgang sehr erzürnt und liess die Schuldigen streng
bestrafen. Dass die Familie des Stephanus das Vermögen zurück-
bekam, können wir aus Präcedenzfällen schliessen. cf. Cotelerius,
Eccles. Graec. Monumenta tom. III, p. 345. Im Juli 556 wurde
Stephanus ermordet; bis seine Familie das Vermögen zurückerhielt,
dürfte das Jahr 557 oder 558 herangekommen sein. Im Jahre 559
erschien Prokops Lobrede auf Justinian. Das Lob, das diesem

in den Bauwerken gespendet wird, ist somit dem
Bestreben entsprungen, dem Kaiser als Dank für die
energische Hilfe, welche er den Hinterbliebenen des
Stephanus angedeihen liess, ein bleibendes Denk-
mal zu setzen und man muss die Worte der Einleitung zu
den Bauwerken (III 170, 14 χωρὶς δὲ τούτων εὐγνώμονας μὲν
ἱστορία ἐς τοὺς εὐεργέτας ἐνδείκνυται γεγονέναι: τῶν ἀρχομένων
τοὺς εὖ πεπονθότας, ἐν μείζονι δὲ αὐτοῖς ἐκτετιχέναι τὰ χαριστήρια,
οἵγε, ἂν οὕτω τύχοι, ἐπὶ καιροῦ μὲν τῆς ἀγαθοεργίας τῶν ἐν σφίσιν ἡγησα-
μένων ἀπώναντο, ἀθάνατον δὲ αὐτοῖς τῶν εἰς τὸ ἔπειτα ἐσομένων τῇ
μνήμῃ τὴν ἀρετὴν διασώζουσιν) so verstehen, dass sich Prokop dem
Justinian nicht bloss wegen seiner guten Staatsverwaltung, sondern
hauptsächlich wegen einer Wohlthat, die ihm persönlich erwiesen
worden ist, zu Dank verpflichtet fühlt. Dass der Verfasser der
Bauwerke auf die Samariter nicht gut zu sprechen war, zeigt die
Stelle de aedific. p. 325, 6 ἕς τε τὰ μυστήρια ὕβρισαν, ὡς ὁράσαι μὲν
Σαμαρείταις προσήκει, σιωπᾶν δὲ ἡμῖν.

Wir haben nun gesehen, dass in den 9 Jahren, die zwischen
der Abfassung der Geheimgeschichte und der Bauwerke liegen,
wirklich Verhältnisse eintraten, die im höchsten Grad geeignet
waren, einen Gesinnungswechsel des Prokop hervorzurufen. Zunächst raffte sich Justinian wider Erwarten auf und führte den
Krieg gegen die Goten mit voller Kraft. Da verrauchte der Zorn
Prokops, der von der Geheimgeschichte nichts mehr wissen wollte.
Wenige Jahre später bekam Justinian Gelegenheit, den Vater
Prokops an den verhassten Samaritern zu rächen. Jetzt begnügte
sich Prokop nicht mehr damit, sich den Schein zu geben, als ob
er die Geheimgeschichte nicht geschrieben habe, sondern er
widerrief in einer neuen Schrift Punkt für Punkt
alles, was er in voreiliger Weise in den Anekdota
dem Justinian zum Vorwurf gemacht hatte. Wir dürfen
ihn deshalb nicht tadeln, er würde vielmehr Tadel verdienen,
wenn er nicht widerrufen hätte.

Prokop spricht oft davon, wie die Tyche mit den Menschen
ihr Spiel treibe. Er hatte wohl damals, als er seine Historien
schrieb, keine Ahnung, dass er dies an sich selbst am meisten
erfahren würde. Im Jahre 550 hatte er im Gefühle, dass sein

Glück feststehe wie der Erde Grund, und dass er um niemands
Gunst zu buhlen brauche, die Schmähschrift geschrieben; der
Wechsel des Schicksals bewirkte, dass derselbe Mann in der Absicht, begangenes Unrecht wieder gut zu machen, in einer Lobrede
Justinian über alles erhob und durch Hinterlassung von zwei ganz
verschiedenen Schriften seinen Namen so in Misskredit brachte,
dass man jetzt vielfach geneigt ist, ihm auch in seinen Historien
keinen Glauben zu schenken, auf deren Ausarbeitung er so viel
Zeit und Mühe verwendet hatte und für die ihm recht dankbar
zu sein wir allen Grund haben.